Programmieren lernen
für Kinder - Fortgeschrittene

Herausgeber:

Barbara Hardy

Verfasser:

Dirk Hardy

Lektorat und Layout:

Barbara Hardy

ProLern-Internetseite:

www.dirkhardy.de/ProLern

Hinweis zu dieser Auflage:

Programmieren lernen

für Kinder

Fortgeschrittene

Bibliografische Information der Deutschen Nationalbibliothek:
Die Deutsche Nationalbibliothek verzeichnet diese Publikation in der
Deutschen Nationalbibliografie; detaillierte bibliografische Daten sind
im Internet über www.dnb.de abrufbar.

Herstellung und Verlag:
BoD - Books on Demand, Norderstedt

ISBN: 978-3-734-76372-4

Vorwort

Programmieren macht Spass! Manchmal ist es auch schwierig und funktioniert nicht so gut, wie du es erwartest. Aber mit Kreativität, Logik und viel Beharrlichkeit kannst du den Computer dazu bringen, Probleme zu lösen und sogar etwas Neues zu erschaffen.

Programmieren bedeutet nicht nur „Programme schreiben", sondern steht besonders auch für die Fähigkeit, Probleme zu lösen, wenn etwas schief geht und leider geschieht das beim Programmieren sehr oft. Es ist sogar unvermeidlich! Alle Programmierer machen Fehler! Wichtig ist es, die Fehler zu finden und zu verbessern. Diese Fähigkeiten werden dir in der Schule und in deinem späteren Beruf sehr nützlich sein, auch wenn du nicht mit dem Computer arbeitest! Es lohnt sich also, den Computer nicht nur zum Spielen zu nutzen!

Wie bei allem, mit dem man beginnt, ist es auch beim Programmieren empfehlenswert, erst einmal die Grundlagen zu erlernen. Dafür haben wir den ersten Band „Programmieren lernen für Kinder - Einsteiger" geschrieben. Hier erwirbst du das „Handwerkszeug" eines Programmierers.

Wenn du diese Grundlagen bereits beherrschst, dann ist dieser Band „Programmieren lernen für Kinder - Fortgeschrittene" der Richtige für dich. Du hast sicher schon einige Übung damit, Programme zu schreiben und ärgerst dich darüber, dass manches sehr „umständlich" ist. Jetzt bist du reif für ausgesuchte Programmier-Tricks, für Felder von Zahlen und von Worten, für Unterprogramme und für Dateien!

Mit Hilfe der einfachen Programmiersprache *ProLern* wirst du schnell lernen, auch kompliziertere Programme zu schreiben. Nach der bewährten Methode arbeitest du dich zu deinem ersten Programmier-Diplom vor.

Du findest die Entwicklungsumgebung mit allen Beispielen und Lösungen auf der Internet-Seite von *ProLern*:

www.dirkhardy.de/ProLern

Das Wichtigste ist aber, dass du viel Spass beim Ausprobieren hast!

Zur Benutzung des Buches

Dieses Buch ist ein Arbeitsbuch und es ist so aufgebaut, dass du gute Fortschritte machst, wenn du es Seite für Seite durchliest und versuchst, möglichst viele der vorgestellten Aufgaben zu lösen. So kannst du selbstständig deine Kenntnisse überprüfen bevor du zum nächsten Kapitel übergehst. Außerdem erfährst du auf diese Weise, wie du dein erlerntes Wissen einsetzen kannst, um dir auch manche Hausaufgabe zu vereinfachen.

Da du bereits den ersten Band „Programmieren lernen für Kinder - Einsteiger" erfolgreich durchgearbeitet hast, ist dir diese Arbeitsweise vertraut und du kannst sofort loslegen. Arbeite weiterhin selbstständig und zielstrebig Kapitel für Kapitel durch. Löse auch die schwierigen, komplizierteren Aufgaben und lass dich durch kleinere Misserfolge nicht sofort entmutigen! Nutze die Hinweise und Tipps zu den Übungsaufgaben und dein Erfolg wird kommen!

Schliesslich möchten wir, dass du Freude am Programmieren entwickelst! Somit bleibt uns nur noch, dir viel Spass und viel Erfolg zu wünschen!

Inhaltsverzeichnis

Kapitel 1

Programmier-Tricks

Wir gehen davon aus, dass du den ersten Band „Programmieren lernen für Kinder - Einsteiger" erfolgreich durchgearbeitet hast. Dabei waren vor allem die Inhalte der letzten Kapitel nicht einfach und die Aufgaben wurden immer anspruchsvoller. Den Einstieg in den neuen Band wollen wir deshalb entspannt beginnen, indem wir dir erst einmal einige nützliche Programmiertricks **verraten**, mit denen ein Programm nicht nur leserlicher, sondern auch für den Benutzer schöner gestaltet werden kann.

1.1   Trick 1: Bemerkungen sind wichtig

Stell dir vor, dass du ein kompliziertes Programm geschrieben hast, und einige Wochen später möchtest du an diesem Programm weiterarbeiten. Nach dieser langen Pause fällt es dir sehr schwer, das komplizierte Programm sofort zu verstehen und du verbringst sehr viel Zeit damit, über die ganzen Befehle, die du geschrieben hast, nachzudenken. Wäre es nicht toll, wenn du dann im Programm Notizen zu den verwendeten Befehlen gemacht hättest? Solche Notizen sind möglich. Sie heissen Bemerkungen und es gibt natürlich einen Befehl dazu – den BEMERKUNG-Befehl. Dieser Befehl leitet einen Text ein, der bei der Programmausführung nicht übersetzt und damit auch nicht ausgeführt wird. Er dient also nur zur Beschreibung des Programms. Hier folgt ein Beispiel dazu:

```
START
    BEMERKUNG: Nun kommt ein Platzhalter
    ZAHL x

    BEMERKUNG: Ein Wert wird eingelesen
    AUSGABE "Bitte einen Wert eingeben:"
    ZAHLEINGABE x
    AUSGABE

    BEMERKUNG: Der Wert wird ausgegeben
    AUSGABE "Der Wert lautet:"
    AUSGABE x
    AUSGABE
STOPP
```

Du siehst, dass nach dem Befehl BEMERKUNG einige Erläuterungen zu den darauf folgenden Befehlen gegeben wurden. Mithilfe der Bemerkungen ist das Programm deutlich besser zu lesen. Nach dem Starten des Programms ist aber von den Bemerkungen nichts zu sehen. Sie werden bei der Übersetzung des Programms einfach nicht beachtet, wie die folgende Ausgabe zeigt:

```
Bitte einen Wert eingeben:
1

Der Wert lautet:
1

Bitte eine Taste druecken, um das Programm zu beenden.
```

Auch in der richtigen Programmierung werden Bemerkungen eingesetzt. Sie sind sogar sehr wichtig. In der Programmierfachsprache werden sie auch *Kommentare* genannt. Das folgende Beispiel zeigt, wie ein Berufsprogrammierer seine Programme mit einigen Bemerkungen einleitet:

```
BEMERKUNG: *****************************
BEMERKUNG: Programm TEST
BEMERKUNG: Programmierer: Kevin Müller
BEMERKUNG: Version 1.0 vom 15. Mai
BEMERKUNG: Letzte Änderung: 17. Mai
BEMERKUNG: *****************************

START
   :
   :
   :
STOPP
```

Es ist natürlich etwas aufwändiger, jedes Programm mit solchen Bemerkungen zu versehen. Aber es lohnt sich, wenn man nach einigen Wochen an einem bestehenden Programm weiterarbeiten möchte. Für die Berufsprogrammierer gibt es auch noch einen anderen Vorteil: Wenn eine Kollegin oder ein Kollege an einem bestehenden Programm arbeiten möchte, dann helfen die Bemerkungen beim Verständnis des Programms.

MERKEN: Bemerkungen sind sehr wichtig, aber man sollte es nicht übertreiben! Nicht jeder Befehl braucht eine Bemerkung, sondern nur die wirklich wichtigen Stellen sollten im Programm mit einer Bemerkung versehen werden.

1.2   Trick 2: Farbe ins Spiel bringen

Die Ausgaben auf dem Bildschirm waren bislang etwas farblos. Das soll sich nun ändern. Mit dem FARBE-Befehl gestalten sich die Bildschirmausgaben viel interessanter und besser lesbar für den Benutzer. Mithilfe des FARBE-Knopfes unter dem Begriff EXTRAS kann die Schriftfarbe gewählt werden.

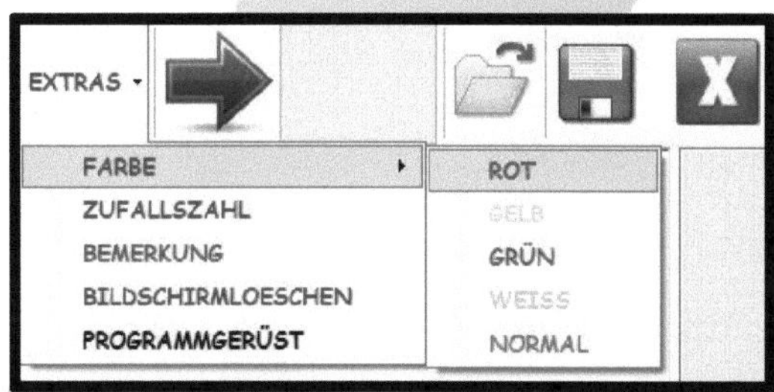

Das folgende Beispiel zeigt, wie einfach es ist:

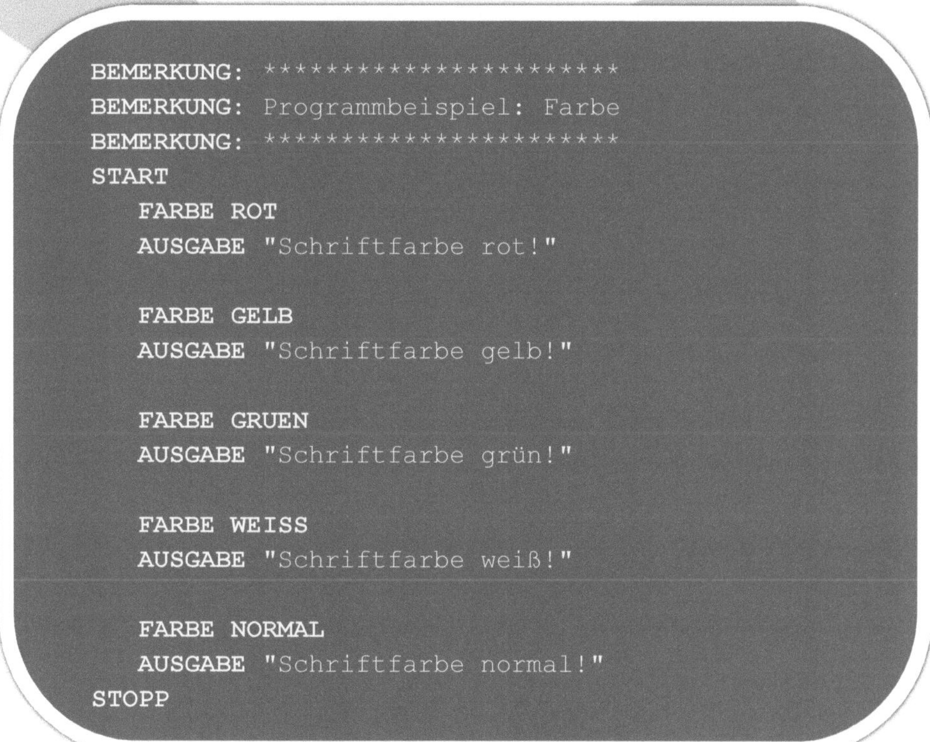

```
BEMERKUNG: ***********************
BEMERKUNG: Programmbeispiel: Farbe
BEMERKUNG: ***********************
START
    FARBE ROT
    AUSGABE "Schriftfarbe rot!"

    FARBE GELB
    AUSGABE "Schriftfarbe gelb!"

    FARBE GRUEN
    AUSGABE "Schriftfarbe grün!"

    FARBE WEISS
    AUSGABE "Schriftfarbe weiß!"

    FARBE NORMAL
    AUSGABE "Schriftfarbe normal!"
STOPP
```

Nach dem Starten sieht schon alles viel freundlicher aus:

Für den Benutzer ist es gut, wenn auf dem Bildschirm beispielsweise Anweisungen an den Benutzer in normaler Schriftfarbe erscheinen und die Eingaben des Benutzers in gelber Schriftfarbe. Warnungen oder Fehlermeldungen könnten sogar in roter Schriftfarbe leuchten. Damit ist die Bedienung eines Programms einfacher für den Benutzer. Ein Beispiel dazu könnte so aussehen:

```
BEMERKUNG: **********************
BEMERKUNG: Programmbeispiel: Farbe
BEMERKUNG: für Ein- und Ausgabe
BEMERKUNG: **********************

START
   ZAHL x

   WIEDERHOLE
      AUSGABE "Bitte eine Zahl eingeben,"
      AUSGABE "die kleiner als 10 ist:"
      FARBE GELB
      ZAHLEINGABE x


      FALLS x >= 10
         FARBE ROT
         AUSGABE "Achtung: falsche Eingabe!"
         AUSGABE
      ENDE

      FARBE NORMAL

   SOLANGE x <= 10

   AUSGABE
   AUSGABE "Alles in Ordnung!"
STOPP
```

Nach dem Starten sieht die Ausgabe so aus:

```
Bitte eine Zahl eingeben,
die kleiner als 10 ist:
12
Achtung: falsche Eingabe!

Bitte eine Zahl eingeben,
die kleiner als 10 ist:
6

Alles in Ordnung!
Bitte eine Taste druecken, um das Programm zu beenden.
```

1.3   Trick 3: die Ausgabe verbessern

Der Inhalt von Platzhaltern wurde bislang immer in einer eigenen Zeile auf dem Bildschirm ausgegeben. Manchmal ist es aber sinnvoll, dass der Wert des Platzhalters in den Text eingefügt wird. Die ganze Ausgabe wird dadurch viel ansprechender gestaltet, wie das folgende Beispiel zeigt:

```
BEMERKUNG: **********************
BEMERKUNG: Programmbeispiel: Die
BEMERKUNG: Ausgabe gestalten
BEMERKUNG: **********************

START

    WORT name
    AUSGABE "Bitte den Namen eingeben:"

    FARBE GELB
    WORTEINGABE name

    FARBE NORMAL
    AUSGABE "Hallo " + name + ", wie geht es?"
    AUSGABE

STOPP
```

Das Programm erscheint so auf dem Bildschirm:

Der Wert des Platzhalters wurde einfach durch das Pluszeichen in den Ausgabe - Text eingefügt. Das funktioniert sogar mit Platzhaltern für Zahlen. Der Computer erkennt, dass es sich um eine Text - Ausgabe handelt und versucht nicht, eine Rechnung durchzuführen, wie man es bei Zahlen annehmen könnte.

Die folgenden Beispiele zeigen alle Möglichkeiten dieser neuen Ausgabe:

```
BEMERKUNG: *************************
BEMERKUNG: Programmbeispiel:
BEMERKUNG: Möglichkeiten der Ausgabe
BEMERKUNG: *************************

START
    WORT name
    ZAHL alter
    AUSGABE "Bitte den Namen eingeben:"
    FARBE GELB
    WORTEINGABE name
    FARBE NORMAL
    AUSGABE "Bitte das Alter eingeben:"
    FARBE GELB
    ZAHLEINGABE alter
    FARBE NORMAL
    AUSGABE
    AUSGABE name + ","
    AUSGABE "du bist " + alter + " Jahre alt."
    AUSGABE alter + " Jahre sind ein stolzes"
    AUSGABE "Alter, liebe(r) " + name + "."
    AUSGABE
STOPP
```

Nach der Eingabe sieht es dann so aus:

```
Programmieren lernen

Bitte den Namen eingeben:
Peter
Bitte das Alter eingeben:
11
Peter,
du bist 11 Jahre alt.
11 Jahre sind ein stolzes
Alter liebe(r) Peter.

Bitte eine Taste druecken, um das Programm zu beenden.
```

1.4   Trick 4: eine Zufallszahl erzeugen

Dieser Trick ist richtig toll. Mit Hilfe von Zufallszahlen können einige sehr interessante Programme geschrieben werden. Eine Zufallszahl ist eine Zahl, die der Computer mit Hilfe eines Programms erzeugt. Man kann sich auch vorstellen, dass der Computer einen Würfel hat und jedes Mal, wenn wir den Befehl ZUFALLSZAHL geben, diesen Würfel benutzt und uns die gewürfelte Zahl mitteilt.

Wie können wir nun eine Zufallszahl erzeugen? Wir müssen einfach den Befehl ZUFALLSZAHL benutzen und dem Computer noch mitteilen, in welchem Zahlenbereich er eine zufällige Zahl erzeugen soll. Das folgende Beispiel zeigt es:

```
BEMERKUNG: ************************
BEMERKUNG: Programmbeispiel: Zufall
BEMERKUNG: ************************
START
   ZAHL zufall
   RECHNEN zufall = ZUFALLSZAHL(10)
   AUSGABE "Die erste Zufallszahl: " + zufall
   AUSGABE

   RECHNEN zufall = ZUFALLSZAHL(10)
   AUSGABE "Die zweite Zufallszahl: " + zufall
   AUSGABE
STOPP
```

Dem Platzhalter zufall wird ein zufälliger Wert zwischen 1 und 10 zugewiesen, weil nach dem Befehl ZUFALLSZAHL in Klammern die Zahl 10 steht. Der Computer sucht aus diesem Bereich irgendeine Zahl aus. Würde zwischen den Klammern beispielsweise 50 stehen, dann würde der Computer eine Zahl zwischen 1 und 50 auswählen. Man hat also sehr viele Möglichkeiten, eine Zufallszahl nach seinen Wünschen erzeugen zu lassen, wie man nach dem Starten des Programms sieht:

```
Programmieren lernen
Die erste Zufallszahl: 5

Die zweite Zufallszahl: 2

Bitte eine Taste druecken, um das Programm zu beenden.
```

Nach einem weiteren Programmstart könnten dann diese Zahlen erscheinen:

Besonders interessant wäre es auch, wenn der Benutzer gefragt würde, aus welchem Zahlenbereich er eine Zufallszahl haben möchte. Dazu müsste ein Platzhalter verwendet werden, der die Zahl speichert, die der Benutzer als Zahlenbereich eingibt. Dieser Platzhalter müsste zwischen den Klammern nach dem Befehl ZUFALLSZAHL stehen.

```
BEMERKUNG: ************************
BEMERKUNG: Programmbeispiel:
BEMERKUNG: Zufallszahl des Benutzers
BEMERKUNG: ************************
START
    ZAHL zufall
    ZAHL bereich

    AUSGABE "In welchem Bereich soll"
    AUSGABE "die Zufallszahl sein?"
    FARBE GELB
    ZAHLEINGABE bereich

    AUSGABE
    RECHNEN zufall = ZUFALLSZAHL(bereich)
    FARBE NORMAL
    AUSGABE "Die Zufallszahl lautet: " + zufall
    AUSGABE
STOPP
```

Nachdem der Benutzer eine Zahl für den Bereich eingegeben hat, sucht der Computer nach einer zufälligen Zahl zwischen 1 und der Eingabe. Nach dem Starten des Programms gibt der Benutzer beispielsweise die Zahl 30 ein. Der Computer zeigt dann irgendeine Zahl zwischen 1 und 30, wie man an der Bildschirmausgabe sehen kann:

1.5 Trick 5: Kommazahlen im Programm

Du denkst dir nun sicher: Was ist an Kommazahlen im Programm denn besonders? Ich gebe einfach eine Zahl und ein Komma in den Computer ein, das ist doch ganz einfach!

```
BEMERKUNG: ************************
BEMERKUNG: Programmbeispiel:
BEMERKUNG: Kommazahlen eingeben
BEMERKUNG: ************************
START
    ZAHL x

    AUSGABE "Bitte eine Kommazahl eingeben:"
    FARBE GELB
    ZAHLEINGABE x
    AUSGABE

    FARBE NORMAL
    AUSGABE "Die Kommazahl lautet: " + x
    AUSGABE
STOPP
```

Der Benutzer gibt beispielsweise die Zahl 1,52 ein:

Sowohl die Eingabe als auch die Ausgabe erfolgt mit dem Komma. Das scheint einfach zu sein, aber für den Computer ist das etwas besonderes, denn er verwendet normalerweise kein Komma im Zusammenhang mit Berechnungen oder Zuweisungen. Er verwendet stattdessen einen Punkt! Das ist natürlich etwas gewöhnungsbedürftig.

Beispielsweise muss ein deutscher Benutzer in seinem Programm dem Platzhalter x die Zahl 1,5 als eins Punkt fünf (x = 1.5) *zuweisen*, weil sein Computer nicht deutsch, sondern international arbeitet. Aber der Computer akzeptiert freundlicherweise, dass sein deutscher Benutzer die Zahl als Kommazahl *eingibt* und *schreibt* sie ihm auch als Kommazahl wieder auf den Bildschirm.

Also muss man sich merken: Im Programm selbst wird der Punkt benutzt und bei Eingaben und Ausgaben wird das Komma benutzt.

```
BEMERKUNG:  ************************
BEMERKUNG:  Programmbeispiel: Mit
BEMERKUNG:  Kommazahlen rechnen
BEMERKUNG:  ************************
START
   ZAHL x
   ZAHL y
   BEMERKUNG: Die Kommazahl 1,5 zuweisen
   RECHNEN x = 1.5

   BEMERKUNG: Das Ergebnis von 5 * 1,5 ist 7,5
   RECHNEN y = 5 * x

   AUSGABE "Das Ergebnis lautet: " + y
STOPP
```

Nach dem Starten sieht das kleine Beispielprogramm dann so aus:

1.6   Aufgaben

1.6.1 Aufgabe 1: die Schriftfarbe auswählen

Das folgende Programm soll es dem Benutzer ermöglichen, die Ausgabe eines Textes in einer von ihm gewählten Schriftfarbe vornehmen zu lassen. Zuerst wird der Benutzer gebeten, einen Text einzugeben. Anschliessend wird er nach der Schriftfarbe gefragt. Der eingegebene Text wird dann in der entsprechenden Farbe angezeigt. Das fertige Programm könnte nach dem Starten dann so aussehen:

1.6.2 Aufgabe 2: zufällige Schriftfarbe

Diese Aufgabe ist eine Erweiterung der ersten Aufgabe. Nach der Eingabe des Textes soll der Benutzer aber nicht wählen können, in welcher Farbe der Text ausgegeben werden soll, sondern die Textfarbe wird vom Computer zufällig ausgewählt.

Nach dem Starten des Programms könnte es so aussehen (Zufallsfarbe rot):

oder auch so (Zufallsfarbe grün):

1.6.3 Aufgabe 3: Zahlen raten mit dem Computer

Bei dieser Aufgabe bringst du dem Computer das Spielen bei. Er soll mit einem Benutzer das Spiel *Zahlenraten* spielen. Dazu *denkt* sich der Computer eine Zahl zwischen 1 und 100 aus. Der Benutzer rät eine Zahl und gibt sie ein. Wenn die Zahl richtig ist, dann wird der Computer gratulieren und das Spiel ist beendet. Wenn die geratene Zahl höher als die gedachte Zahl ist, dann wird der Computer das mitteilen. Ebenso, wenn die Zahl niedriger ist. Der Benutzer hat dann wieder die Möglichkeit, eine neue Zahl zu raten und einzugeben. Insgesamt dürfen höchstens 7 Versuche gemacht werden, die Zahl zu raten, sonst hat der Computer gewonnen.

So könnte das fertige Programm nach dem Starten aussehen:

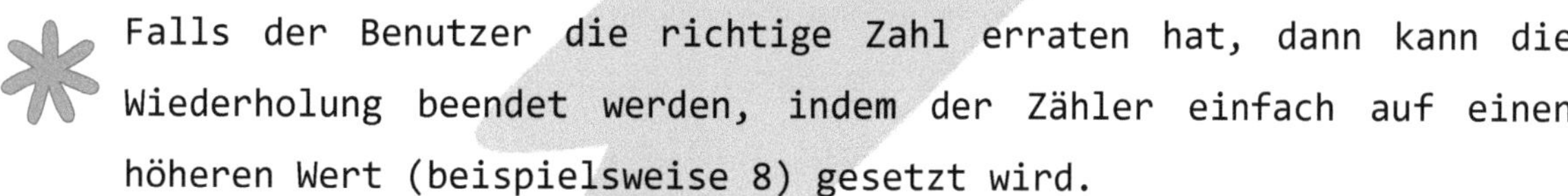

Du wirst sicher schnell erkannt haben, dass ein bestimmtes System beim Zahlenraten schneller zum Erfolg führt, als einfach nur zu raten.

Für die Umsetzung dieses Programms könnten dir die folgenden Tipps helfen:

 Mit einem Wiederholungszähler kann genau gesteuert werden, dass maximal 7 Versuche durchgeführt werden.

Falls der Benutzer die richtige Zahl erraten hat, dann kann die Wiederholung beendet werden, indem der Zähler einfach auf einen höheren Wert (beispielsweise 8) gesetzt wird.

Mithilfe eines Platzhalters könnte der Computer sich merken, ob der Benutzer die richtige Zahl erraten hat und einfach überprüfen, ob der Platzhalter den entsprechenden Wert hat. Beispielsweise könnte man einem Wort-Platzhalter das Wort "ja" zuweisen, wenn der Benutzer gewonnen hat.

Zusammenfassung!

 Es gibt einen Befehl, der nicht übersetzt wird, sondern nur dazu dient, die anderen Befehle bzw. das Programm zu beschreiben. Dieser Befehl heisst BEMERKUNG und wird zur Unterscheidung von den anderen Befehlen grün eingefärbt.

 Die Schriftfarbe kann mit dem Befehl FARBE angepasst werden. Es muss nur die entsprechende Farbe dazu gewählt werden. Zur Auswahl stehen rot, gelb, grün, weiß und die normale Schriftfarbe, die bisher immer verwendet wurde. Mit dem Befehl FARBE ROT werden beispielsweise alle weiteren Ausgaben in roter Schriftfarbe durchgeführt.

 Die Ausgabe von Platzhalter-Inhalten kann auch direkt nach einer Textausgabe erfolgen. Der Platzhalter wird einfach mit dem Pluszeichen angefügt.

 Der Befehl ZUFALLSZAHL erzeugt eine zufällige Zahl innerhalb eines bestimmten Bereiches. Den Bereich muss man in Klammern hinter dem Befehl angeben. Beispielsweise sorgt der Befehl ZUFALLSZAHL(100) für eine zufällige Zahl zwischen 1 und 100.

 Wenn man innerhalb des Programms eine Kommazahl benutzen möchte, dann muss anstelle des Kommas ein Punkt verwendet werden. Bei der Ein- und Ausgabe ist das nicht nötig.

Kapitel 2

Felder von Zahlen

2.1 Wettervorhersage und Zahlen

Die meisten Programme arbeiten mit einer großen Menge von Zahlen. Beispielsweise brauchst du nur an den Wetterbericht zu denken: Um das Wetter
vorherzusagen, müssen jeden Tag viele tausend Werte ermittelt werden. Dafür
senden verschiedene Wetterstationen ihre Messwerte an einen Hauptcomputer.
Auf diesem ist ein kompliziertes Programm, mit dessen Hilfe die Wetterexperten
dann das Wetter vorhersagen können. Beispielsweise wird in den verschiedenen
Wetterstationen mehrmals innerhalb einer Stunde die Temperatur gemessen. Die
Messwerte eines ganzen Tages muss der Hauptcomputer dann auswerten. Auf dem
Papier könnten diese Werte so aussehen:

```
8:15 Uhr:
Station Schönblick : 17°C
Station Weitschau  : 15°C
Station Meeresblick: 16°C
Station Wiesengrund: 19°C
Station Bergblick  : 14°C

8:30 Uhr:
Station Schönblick : 18°C
Station Weitschau  : 15°C
Station Meeresblick: 17°C
Station Wiesengrund: 19°C
Station Bergblick  : 15°C

8:45 Uhr:
Station Schönblick : 18°C
Station Weitschau  : 16°C
Station Meeresblick: 18°C
Station Wiesengrund: 20°C
Station Bergblick  : 15°C
```

Man kann sich vorstellen, wie viele Werte da im Laufe eines Tages zusammen-
kommen. Ein Mensch kann eine solche Datenflut kaum beherrschen, doch ein
Computer kann so viele Werte bearbeiten. Er könnte ein Programm nutzen, das
die Messwerte in Platzhaltern speichert. Das würde dann so aussehen:

```
BEMERKUNG: ************************
BEMERKUNG: Programmbeispiel:
BEMERKUNG: Temperaturwerte erfassen
BEMERKUNG: ************************
START
    BEMERKUNG: Die Platzhalter für die
    BEMERKUNG: Temperaturen um 8:15 Uhr
```

```
ZAHL station_1_8_15
ZAHL station_2_8_15
ZAHL station_3_8_15
ZAHL station_4_8_15
ZAHL station_5_8_15

BEMERKUNG: Die Platzhalter für die
BEMERKUNG: Temperaturen um 8:30 Uhr
ZAHL station_1_8_30
ZAHL station_2_8_30
ZAHL station_3_8_30
ZAHL station_4_8_30
ZAHL station_5_8_30


BEMERKUNG: Die Platzhalter für die
BEMERKUNG: Temperaturen um 8:45 Uhr
ZAHL station_1_8_45
ZAHL station_2_8_45
ZAHL station_3_8_45
ZAHL station_4_8_45
ZAHL station_5_8_45
AUSGABE "*****Wetterstation*****"
AUSGABE
AUSGABE "Bitte die Temperaturen"
AUSGABE "für 8:15 Uhr eingeben:"
FARBE GELB
ZAHLEINGABE station_1_8_15
ZAHLEINGABE station_2_8_15
ZAHLEINGABE station_3_8_15
ZAHLEINGABE station_4_8_15
ZAHLEINGABE station_5_8_15

FARBE NORMAL
AUSGABE "Bitte die Temperaturen"
AUSGABE "für 8:30 Uhr eingeben:"
FARBE GELB
ZAHLEINGABE station_1_8_30
ZAHLEINGABE station_2_8_30
ZAHLEINGABE station_3_8_30
ZAHLEINGABE station_4_8_30
ZAHLEINGABE station_5_8_30

FARBE NORMAL

AUSGABE "Bitte die Temperaturen"
AUSGABE "für 8:45 Uhr eingeben:"
FARBE GELB
ZAHLEINGABE station_1_8_45
ZAHLEINGABE station_2_8_45
ZAHLEINGABE station_3_8_45
ZAHLEINGABE station_4_8_45
ZAHLEINGABE station_5_8_45
AUSGABE
FARBE NORMAL
STOPP
```

Nach dem Starten des Programms könnten dann alle Temperaturen der einzelnen Stationen eingegeben werden:

Man sieht, dass es sehr aufwändig ist, diese 15 Temperaturen zu erfassen. Das Programm braucht alleine 15 verschiedene Platzhalter, um alle Temperaturen zu erfassen. Die Namen der Platzhalter müssen aus diesem Grund schon gut ausgewählt sein, sonst könnte niemand mehr auseinanderhalten, welcher Platzhalter welche Temperatur speichert. Was passiert aber, wenn nicht nur 15 sondern 15.000 Werte gespeichert werden müssen? Alleine 15.000 Platzhalter anzulegen, würde den Programmierer stundenlang beschäftigen und Berechnungen mit so vielen verschiedenen Platzhaltern würden auch sehr kompliziert werden. Das folgende Beispiel zeigt schon den Aufwand, wenn alle Temperaturen addiert werden sollen:

```
ZAHL summe
RECHNEN summe =    station_1_8_15 +
                   station_2_8_15 +
                   station_3_8_15 +
                   station_4_8_15 +
                   station_5_8_15 +
                   station_1_8_30 +
                   station_2_8_30 +
                   station_3_8_30 +
                   station_4_8_30 +
                   station_5_8_30 +
                   station_1_8_45 +
                   station_2_8_45 +
                   station_3_8_45 +
                   station_4_8_45 +
                   station_5_8_45          ...
```

2.2 Der Befehl ZAHLFELD

Das vorige Beispiel hat es gezeigt. Viele Zahlen zu erfassen ist sehr aufwändig und Berechnungen werden immer komplizierter, je mehr Platzhalter beteiligt sind. Aus diesem und auch aus vielen anderen guten Gründen gibt es in der Programmierung die sogenannten **Felder von Zahlen**. Damit wird es deutlich einfacher, viele verschiedene Zahlen zu verwalten und mit ihnen zu rechnen.

Das folgende Bild könnte bei der Vorstellung helfen:

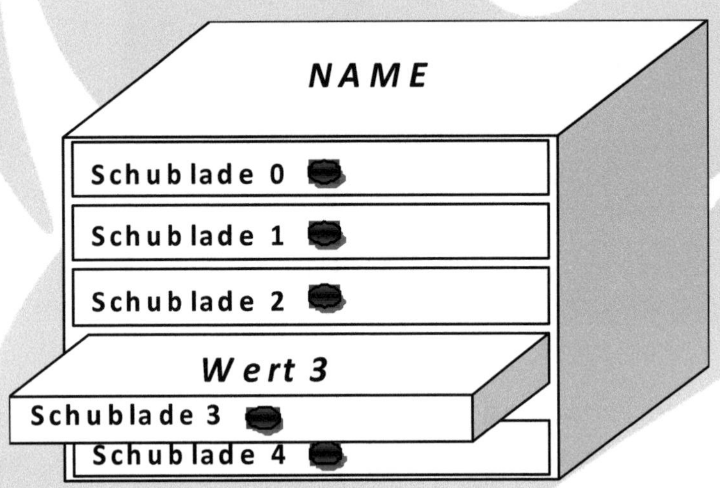

In der Tat könnte man sich ein Feld von Zahlen als einen großen Schubladen-schrank vorstellen. Der Schrank hat natürlich einen Namen und beliebig viele Schubladen, die mit 0 bis N nummeriert sind. N steht dabei für eine beliebig große positive Zahl. In jeder Schublade kann ein Wert bzw. eine Zahl gespeichert werden. Möchte man beispielsweise die fünf Werte aus der Messung von 8:15 Uhr speichern, dann könnte man sich den entsprechenden Schubladen-schrank so vorstellen:

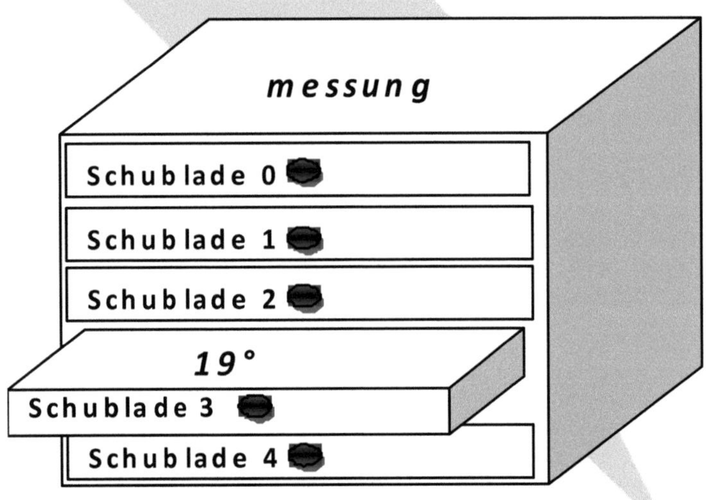

Um diese Vorstellung in die Programmiersprache umzusetzen, benötigen wir einen neuen Befehl – den ZAHLFELD-Befehl. Mithilfe dieses Befehls werden die Temperaturen der ersten Messung schon deutlich einfacher erfasst, wie das folgende Programm nun zeigt:

```
START
    ZAHLFELD messung[5]

    AUSGABE "Bitte die Temperaturen"
    AUSGABE "für 8:15 Uhr eingeben"
    FARBE GELB

    ZAHLEINGABE messung[0]
    ZAHLEINGABE messung[1]
    ZAHLEINGABE messung[2]
    ZAHLEINGABE messung[3]
    ZAHLEINGABE messung[4]
STOPP
```

Nach dem Starten können alle fünf Messwerte eingegeben werden:

```
Programmieren lernen                          –  □  ×
Bitte die Temperaturen
für 8:15 Uhr eingeben
17
15
16
19
14

Bitte eine Taste druecken, um das Programm zu beenden.
```

Der Befehl ZAHLFELD ist eigentlich nur eine Erweiterung des ZAHL-Befehls. Es entsteht ein **erweiterter Platzhalter**, der nicht nur einen Wert speichern kann, sondern beliebig viele Werte. Damit der Computer weiß, wie viele Werte dieser neue Platzhalter speichern soll, muss die Anzahl der Werte direkt hinter dem Namen in *eckigen Klammern* angegeben werden. Die folgenden Beispiele zeigen einige richtige und falsche Anwendungen des neuen Befehls:

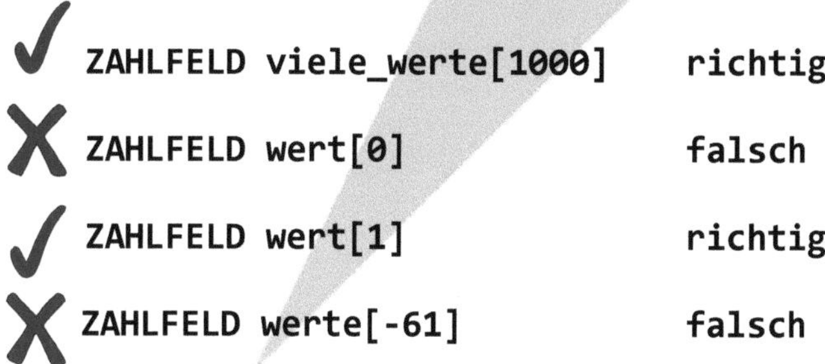

Ein ZAHLFELD-Platzhalter mit einer Anzahl von 0 Werten oder Minuszahlwerten ist natürlich nicht sinnvoll. Mindestens einen Wert sollte der Platzhalter schon speichern dürfen (bei einem Wert wäre allerdings auch ein einfacher ZAHL-Platzhalter ausreichend). Nach dem Anlegen eines solchen Platzhalters kann sehr einfach auf die einzelnen Werte zugegriffen werden. Es muss nur die entsprechende *Schubladennummer* in eckigen Klammern angegeben werden. Das folgende Beispiel zeigt einen ZAHLFELD-Platzhalter, der acht Schubladen besitzt bzw. der acht Zahlen speichern kann. Es werden aber nur die 1. und die 7. Schublade gefüllt:

```
ZAHLFELD test[8]
RECHNEN test[0] = 10
RECHNEN test[6] = 20
```

2.3 Elemente eines Feldes

Jede einzelne Schublade eines Schubladenschrankes kann nur einen Wert aufnehmen. Dabei ist jede Schublade eigentlich nichts anderes als ein Platzhalter, der mit einer entsprechenden *Schubladennummer* angesprochen wird. In der Computerfachsprache nennt man diese Schubladen auch **Elemente**. Ein ZAHLFELD-Platzhalter besteht also aus einzelnen Elementen, die mithilfe einer Nummerierung benutzt werden können. Diese Nummerierung ist das Besondere an dem Feld und bietet uns viele Möglichkeiten. Es werden nun einige dieser neuen Möglichkeiten mithilfe eines Beispiels gezeigt:

```
BEMERKUNG: ************************
BEMERKUNG: Programmbeispiel:
BEMERKUNG: Der Benutzer bestimmt die
BEMERKUNG: Anzahl der Elemente
BEMERKUNG: ************************
START
    ZAHL anzahl
    ZAHL nummer
    ZAHL inhalt
    AUSGABE "Wie viele Elemente soll"
    AUSGABE "das Zahlfeld haben?"
    FARBE GELB
    ZAHLEINGABE anzahl
    FARBE NORMAL
```

```
        BEMERKUNG: Das Zahlfeld wird angelegt
        ZAHLFELD feld[anzahl]
        AUSGABE "Welches Element soll"
        AUSGABE "gefüllt werden?"
        FARBE GELB
        ZAHLEINGABE nummer
        FARBE NORMAL
        AUSGABE "Welchen Inhalt soll"
        AUSGABE "das Element haben?"
        ZAHLEINGABE inhalt
        BEMERKUNG: Element nummer bekommt
        BEMERKUNG: einen Inhalt
        RECHNEN feld[nummer] = inhalt
        AUSGABE "Element Nr. " + nummer
        AUSGABE "hat als Inhalt: " + feld[nummer]
    STOPP
```

Das Beispielprogramm zeigt, dass die Anzahl der Elemente eines Zahlfeldes nicht am Programmanfang feststehen muss, sondern mitten im Programm festgelegt werden kann. Der Computer reagiert also während des Programmlaufes auf die Eingabe des Benutzers und legt ein Feld mit entsprechend vielen Elementen an. Die Elemente des Feldes können mithilfe eines Platzhalters angesprochen werden. Damit kann der Benutzer im Programm das Element bestimmen, mit welchem er arbeiten möchte. Nach dem Starten könnte das Programm dann so aussehen:

```
Programmieren lernen                              _  □  ×
Wie viele Elemente soll das Zahlfeld haben?
3
Welches Element soll gefüllt werden?
2
Welchen Inhalt soll das Element haben?
6
Element Nr. 2
hat als Inhalt: 6
Bitte eine Taste druecken, um das Programm zu beenden.
```

Wenn der Benutzer allerdings eine fehlerhafte Anzahl eingibt, dann könnte es so aussehen:

```
Programmieren lernen                              _  □  ×
Wie viele Elemente soll das Zahlfeld haben?
-5
Achtung, ein Fehler: Die arithmetische Operation hat einen Überlauf verursacht.
Das Programm muss leider beendet werden
Bitte eine Taste druecken
```

Die Fehlermeldung ist etwas schwer verständlich. Sie bedeutet, dass es dem Computer nicht möglich war, ein Feld mit einer Minuszahl an Elementen anzulegen. Ebenso gibt es Probleme, wenn die Zahl, die auf ein Element des Feldes hinweist, nicht innerhalb der zulässigen Grenzen für das Feld liegt – also kleiner als Null oder grösser oder gleich der Anzahl der Elemente ist:

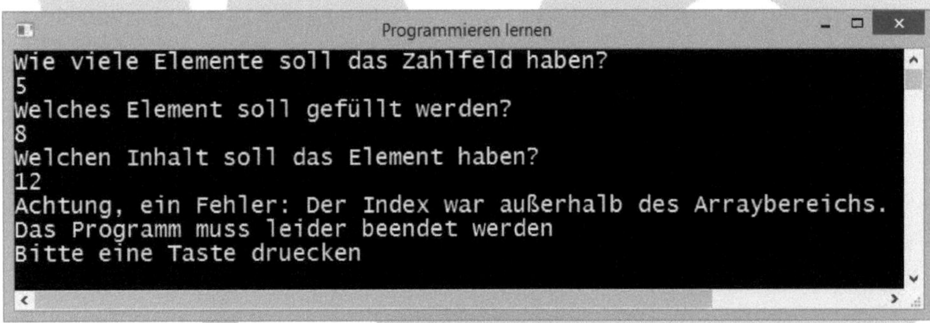

Die Zahl 8 ist nicht zulässig, denn es wurde ein Feld mit 5 Elementen vereinbart. Damit darf diese Zahl nur zwischen 0 und 4 liegen. Das Programm wird deshalb beendet. Für den Benutzer ist es sehr unerfreulich, wenn ein Programm einfach beendet wird, weil ein Fehler auftritt. Deshalb sollten solche Fehler vermieden werden, indem die einzelnen Eingaben zuerst überprüft werden, bevor das Feld angelegt wird bzw. ein Element des Feldes angesprochen wird. Eine solche Überprüfung könnte so in das obige Beispiel eingefügt werden:

```
    :
    :
WIEDERHOLE

    AUSGABE "Wie viele Elemente soll das"
    AUSGABE "Zahlfeld haben?"
    FARBE GELB
    ZAHLEINGABE anzahl
    FARBE NORMAL

    FALLS anzahl < 1
        AUSGABE "Die Anzahl ist zu gering!"
    ENDE

SOLANGE anzahl < 1

BEMERKUNG: Das Zahlfeld wird angelegt
ZAHLFELD feld[anzahl]

    :
    :
```

Ebenso kann eine Überprüfung der zweiten Eingabe erfolgen, um einen Fehler beim Zugriff auf ein Element zu verhindern:

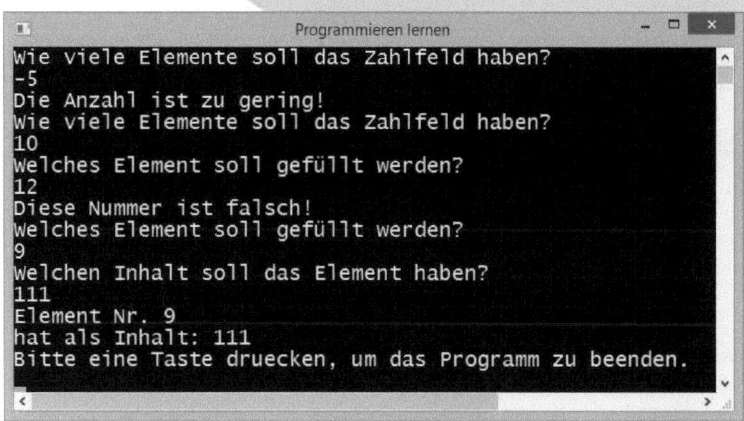

Damit wird das Programm nicht durch falsche Eingaben des Benutzers vorzeitig beendet, wie die folgende Bildschirmausgabe zeigt:

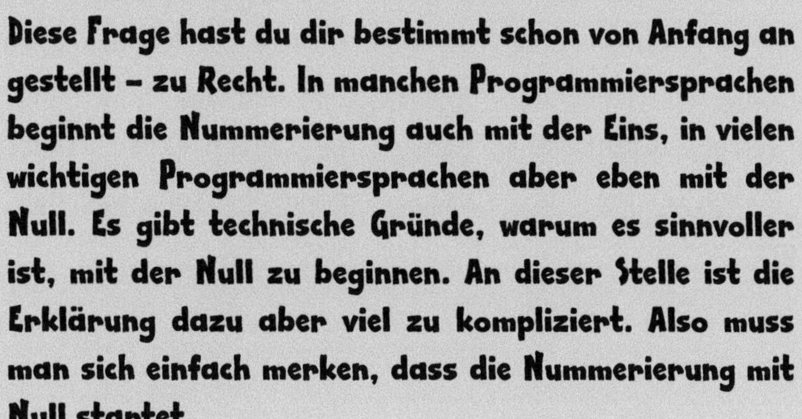

Warum beginnt die Nummerierung der Elemente eigentlich mit Null?

Diese Frage hast du dir bestimmt schon von Anfang an gestellt – zu Recht. In manchen Programmiersprachen beginnt die Nummerierung auch mit der Eins, in vielen wichtigen Programmiersprachen aber eben mit der Null. Es gibt technische Gründe, warum es sinnvoller ist, mit der Null zu beginnen. An dieser Stelle ist die Erklärung dazu aber viel zu kompliziert. Also muss man sich einfach merken, dass die Nummerierung mit Null startet.

2.3.1 Zwischenübung

Zur Auflockerung haben wir uns eine kleine Übung für dich ausgedacht, deren
Lösung wir (wie immer) am Ende verraten. Das folgende Programm arbeitet mit
den Elementen eines Feldes. Was wird wohl auf dem Bildschirm ausgegeben?

```
BEMERKUNG: ************************
BEMERKUNG: Zwischenübung zu Feldern
BEMERKUNG: ************************

START
    ZAHLFELD feld[5]
    ZAHL nummer
    ZAHL ergebnis
    RECHNEN nummer = 2
    RECHNEN feld[0] = 10
    RECHNEN feld[nummer] = 20
    RECHNEN nummer = nummer + 2
    RECHNEN feld[nummer] = 30
    RECHNEN ergebnis = feld[4] - feld[2]
    RECHNEN ergebnis = ergebnis + feld[0]
    AUSGABE "Das Ergebnis lautet: " + ergebnis
STOPP
```

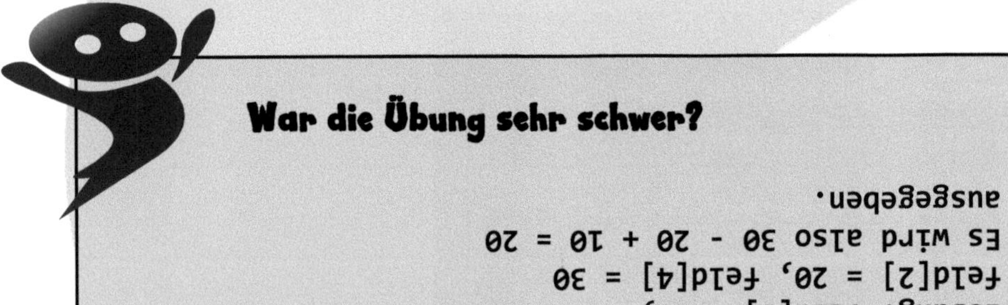

Lösung: feld[0] = 10,
feld[2] = 20, feld[4] = 30
Es wird also 30 - 20 + 10 = 20
ausgegeben.

2.4   Felder und Wiederholungen

Felder und Wiederholungen sind ein gutes Team. Sie passen zusammen, weil
beide mit einer Art Zähler arbeiten können. Die Wiederholung kann mit einem
Zähler die Anzahl der Wiederholungen steuern und das Feld kann mit einer
Nummerierung seine Elemente ansprechen. Der Zähler einer Wiederholung kann
also mit der Nummerierung des Feldes zusammenarbeiten, wie das folgende
Beispiel zeigt:

```
BEMERKUNG: ************************
BEMERKUNG: Programmbeispiel:
BEMERKUNG: Felder und Wiederholungen
BEMERKUNG: ************************

START
    ZAHLFELD feld[10]
    ZAHL zähler
    RECHNEN zähler = 0
    WIEDERHOLE
        RECHNEN feld[zähler] = 100
        RECHNEN zähler = zähler + 1
    SOLANGE zähler < 10
STOPP
```

In dem Beispiel durchläuft ein Zähler alle Zahlen von 0 bis 9 und kann deshalb alle Elemente des Feldes hintereinander ansprechen und auf den Wert 100 setzen. So einfach kann es sein, 10 Elementen den Wert 100 zuzuweisen. Genauso einfach wäre es, 1000 Elementen einen bestimmten Wert zuzuweisen oder sogar 100.000 Elementen, denn der Zähler muss ja nur etwas länger laufen. Du erinnerst dich bestimmt noch an das Beispiel mit der Wettervorhersage und den Temperaturen. Nun ist es viel einfacher alle Messungen zu erfassen. Man muss nur Wiederholungen und Felder richtig zusammenarbeiten lassen:

```
BEMERKUNG: ************************
BEMERKUNG: Programmbeispiel:
BEMERKUNG: Temperaturwerte mit
BEMERKUNG: Feldern erfassen
BEMERKUNG: ************************
START
    ZAHLFELD messung_1[5]
    ZAHLFELD messung_2[5]
    ZAHLFELD messung_3[5]
    ZAHL zähler
    AUSGABE "*****Wetterstation*****"
    AUSGABE
    AUSGABE
    AUSGABE "Bitte die Temperaturen"
    AUSGABE "für 8:15 Uhr eingeben:"
    FARBE GELB
    RECHNEN zähler = 0
    WIEDERHOLE
        ZAHLEINGABE messung_1[zähler]
        RECHNEN zähler = zähler + 1
    SOLANGE zähler < 5
```

```
      FARBE NORMAL
      AUSGABE "Bitte die Temperaturen"
      AUSGABE "für 8:30 Uhr eingeben:"
      FARBE GELB
      RECHNEN zähler = 0
      WIEDERHOLE
          ZAHLEINGABE messung_2[zähler]
          RECHNEN zähler = zähler + 1
      SOLANGE zähler < 5

      FARBE NORMAL
      AUSGABE "Bitte die Temperaturen"
      AUSGABE "für 8:45 Uhr eingeben:"
      FARBE GELB
      RECHNEN zähler = 0
      WIEDERHOLE
          ZAHLEINGABE messung_3[zähler]
          RECHNEN zähler = zähler + 1
      SOLANGE zähler < 5

      AUSGABE
      FARBE NORMAL
    STOPP
```

Die Eingabe der Messwerte kann genau so wie in dem Anfangsbeispiel erfolgen:

Die 15 Messwerte werden mit den 3 Feldern erfasst. Es wäre auch kein Problem 15.000 Messwerte zu erfassen. An dem Programm müsste man nur ein paar kleine Änderungen vornehmen, wie beispielsweise:

```
    :
    ZAHLFELD messung_1[15000]

    :
    AUSGABE "Bitte die Temperaturen"
    AUSGABE "für 8:15 Uhr eingeben:"
    FARBE GELB
    RECHNEN zähler = 0

    WIEDERHOLE

        ZAHLEINGABE messung_1[zähler]
        RECHNEN zähler = zähler + 1

    SOLANGE zähler < 15000
    :
```

Auf ein Starten des veränderten Programms verzichten wir ausnahmsweise, denn sonst müsste man 15.000 Messwerte eingeben und das kann dauern.

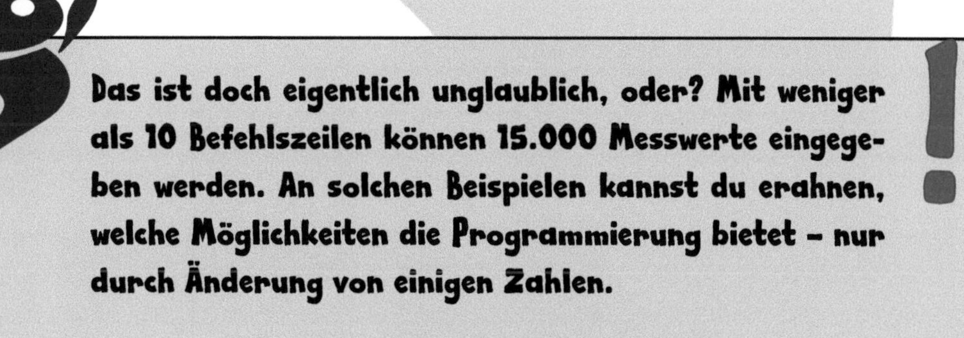

Das Zusammenspiel von Wiederholungen und Feldern lässt sich auch sehr gut nutzen, um Berechnungen mit den Elementen durchzuführen. Beispielsweise ist es für die Wettervorhersage nützlich, die Durchschnittstemperatur einer Wetterstation zu kennen. Dazu müssten alle Messwerte dieser Station addiert und anschliessend durch die Anzahl der Werte geteilt werden.

Wir zeigen hier erst einmal ein Beispiel für eine einfache Durchschnittswertberechnung:

```
Messwert 1: 15 °C
Messwert 2: 19 °C
Messwert 3: 17 °C
Messwert 4: 16 °C
Messwert 5: 18 °C
Summe der Werte:  15 + 19 + 17 + 16 + 18 = 85
Anzahl der Werte:         5
Durchschnittswert:        85 / 5 = 17
```
Die durchschnittliche Temperatur beträgt also 17 °C.

Die Umsetzung in ein Programm könnte dann so aussehen:

```
BEMERKUNG: *************************
BEMERKUNG: Durchschnittswert berechnen
BEMERKUNG: *************************
START
    ZAHLFELD messung_1[5]
    ZAHL zähler
    ZAHL summe
    ZAHL durchschnitt
    AUSGABE "*****Wetterstation*****"
    AUSGABE
    AUSGABE "Bitte die Temperaturen"
    AUSGABE "für 8:15 Uhr eingeben:"

    FARBE GELB
    RECHNEN zähler = 0
    WIEDERHOLE
        ZAHLEINGABE messung_1[zähler]
        RECHNEN zähler = zähler + 1
    SOLANGE zähler < 5

    BEMERKUNG: Nun wird die Summe berechnet
    RECHNEN zähler = 0
    RECHNEN summe = 0

    WIEDERHOLE
        RECHNEN summe = summe+messung_1[zähler]
        RECHNEN zähler = zähler + 1
    SOLANGE zähler < 5

    BEMERKUNG: Durch die Anzahl teilen
    RECHNEN durchschnitt = summe / 5
    FARBE NORMAL
    AUSGABE "Der Durchschnittswert für 8:15"
    AUSGABE "Uhr lautet: " + durchschnitt
 STOPP
```

Die Eingabe der Beispieltemperaturen ergibt die folgende Bildschirmausgabe:

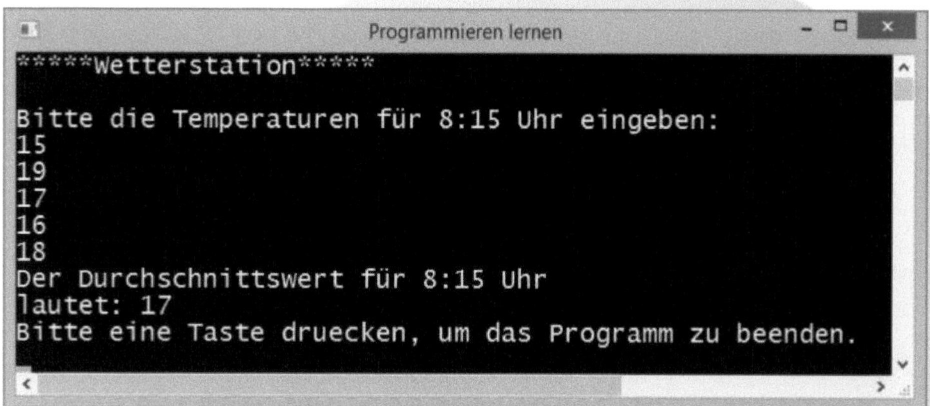

Wir haben hier ein Feld mit fünf Elementen angelegt (ZAHLFELD messung_1[5]). Auf diese Elemente können wir mit Hilfe des Platzhalters zähler einzeln zugreifen, indem wir, wie oben besprochen, diesem Platzhalter nacheinander die Werte von 0 bis 4 zuweisen. Gleichzeitig lassen wir den Computer, die einzelnen Elemente mit Werten füllen (ZAHLEINGABE messung_1[zähler]). Nun hat jedes Element unseres Feldes einen (Temperaturmess-) Wert erhalten. Diese Werte wollen wir addieren. Das Besondere dieses Programms ist, dass dem Platzhalter **summe** der Inhalt des Feldelements **messung_1[zähler]** hinzugefügt wird, d.h. fachsprachlich, alle Elemente des Feldes werden aufsummiert. Die Anzahl der (Temperaturmess-) Werte kennen wir, denn wir haben anfangs fünf Messstationen festgelegt. So können wir mit diesen Daten den Durchschnittswert ermitteln, d.h. der Computer berechnet die durchschnittliche Temperatur an den fünf Messstationen um 8:15 Uhr (RECHNEN **durchschnitt = summe/5**).

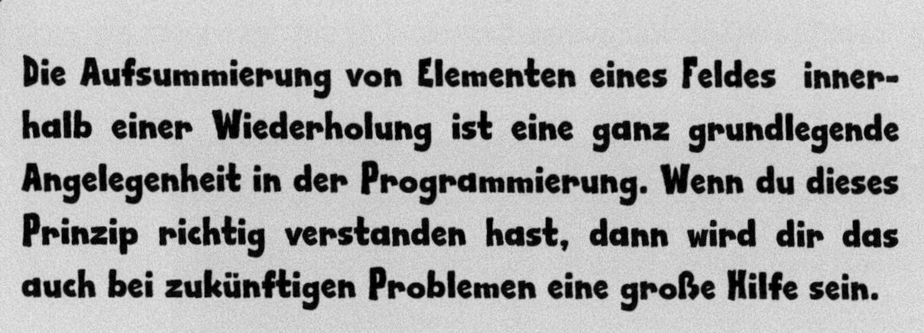

2.5   Der ~LAENGE-Befehl

Dieser Befehl sorgt dafür, dass die Länge von einem Feld (also die Anzahl der Elemente) angegeben wird. Der Befehl beginnt mit einer Art Schlange. Das sieht etwas merkwürdig aus, aber an dem nächsten Beispiel erkennst du, dass es Vorteile hat – und zwar erhöht es die Leserlichkeit im Programm.

```
BEMERKUNG:  ************************
BEMERKUNG:  Programmbeispiel: Die
BEMERKUNG:  Länge eines Feldes
BEMERKUNG:  ************************

START
    ZAHL anzahl
    AUSGABE "Wie viele Elemente?"
    FARBE GELB
    ZAHLEINGABE anzahl
    FARBE WEISS
    ZAHLFELD feld[anzahl]
    AUSGABE
    AUSGABE "Anzahl Elemente: " + feld~LAENGE
    AUSGABE
    FARBE NORMAL
STOPP
```

Wir geben dem Computer an, wie viele Elemente unser Feld haben soll. Das Programm liest die Anzahl ein und legt danach ein Feld von Zahlen mit dieser Anzahl von Elementen fest. Anschliessend wird die Anzahl der Elemente als *Länge des Feldes* ausgegeben. Der ~LAENGE-Befehl wird dazu einfach an den ZAHLFELD-Platzhalter angehängt. Durch die Schlange am Anfang des Befehls kann man sofort sehen, dass einem Platzhalter der Befehl angehängt wurde. Das ist einfach übersichtlicher. Nach dem Starten sieht es dann so aus:

```
Wie viele Elemente?
10

Anzahl der Elemente: 10

Bitte eine Taste druecken, um das Programm zu beenden.
```

2.6   Aufgaben

2.6.1 Aufgabe 1: Temperaturmesswerte prüfen

Für die Wettervorhersage kann es wichtig sein zu überprüfen, wie oft eine bestimmte Temperatur bei den verschiedenen Messungen auftritt. Dazu sollst du, als erfahrener Programmierer, ein Programm schreiben, mit dem 10 Temperaturwerte erfasst werden können und anschliessend nach der Häufigkeit einer bestimmten Temperatur gesucht werden kann. Dazu gibt der Benutzer die gesuchte Temperatur ein und der Computer sucht in den Eingaben nach dieser Temperatur und zeigt dann an, wie oft sie vorkam. Nach dem Starten könnte das Programm so aussehen:

```
***** TEMPERATUR-SUCHPROGRAMM *****

Bitte die 1. Messung eingeben:
15
Bitte die 2. Messung eingeben:
18
Bitte die 3. Messung eingeben:
15
Bitte die 4. Messung eingeben:
19
Bitte die 5. Messung eingeben:
15
Bitte die 6. Messung eingeben:
19
Bitte die 7. Messung eingeben:
20
Bitte die 8. Messung eingeben:
15
Bitte die 9. Messung eingeben:
14
Bitte die 10. Messung eingeben:
17

Nach welcher Temperatur suchen?
15

Die Temperatur 15 wurde 4-mal gefunden
Bitte eine Taste druecken, um das Programm zu beenden.
```

Hier ist noch ein kleiner Tipp für die Umsetzung: Das Suchen nach einer Temperatur findet natürlich in einer Wiederholung statt, in der alle Elemente des Feldes hintereinander mit der zu suchenden Temperatur verglichen werden. Bei einer Übereinstimmung könnte einfach ein Platzhalter seinen Wert um 1 erhöhen.

2.6.2 Aufgabe 2: Ein Feld von Zufallszahlen

Dieses Programm soll ein ganzes Feld mit Zufallszahlen erzeugen und auch auf
dem Bildschirm ausgeben. Dazu wird der Benutzer zuerst gefragt, wie viele
Elemente das Feld haben soll und anschliessend in welchem Bereich die
Zufallswerte erzeugt werden sollen. Das Programm soll dann jedem Element des
Feldes eine Zufallszahl zuweisen und die ganzen Elemente dann auch auf dem
Bildschirm ausgeben. So könnte das Programm nach dem Starten aussehen:

```
Programmieren lernen                                    _  □  ×
Wie viele Elemente soll das Zahlfeld haben?
10
In welchem Bereich sollen die Zufallszahlen sein:?
100
Element: 0 hat die Zufallszahl: 44
Element: 1 hat die Zufallszahl: 92
Element: 2 hat die Zufallszahl: 64
Element: 3 hat die Zufallszahl: 39
Element: 4 hat die Zufallszahl: 84
Element: 5 hat die Zufallszahl: 39
Element: 6 hat die Zufallszahl: 39
Element: 7 hat die Zufallszahl: 100
Element: 8 hat die Zufallszahl: 49
Element: 9 hat die Zufallszahl: 51
Bitte eine Taste druecken, um das Programm zu beenden.
```

2.6.3 Aufgabe 3: Kopfrechnen trainieren

Das Kopfrechnen ist enorm wichtig, auch wenn der Computer für dich rechnen
könnte. Du musst immer daran denken, dass der Computer nur so schlau ist, wie
du ihn programmierst. Deshalb sind deine Fähigkeiten beim Rechnen mindestens
genauso wichtig, wie zu der Zeit, als es noch keine Computer und Taschenrechner
gab. Das folgende Programm soll deshalb auch das Kopfrechnen trainieren. Dazu
gibt der Benutzer 5 Zahlen zwischen 1 und 20 ein. Der Computer speichert die
Zahlen in einem Feld. Anschliessend soll der Benutzer alle Zahlen im Kopf
addieren und das Ergebnis eingeben. Wenn er richtig gerechnet hat, dann wird
er entsprechend gelobt, andernfalls erhält er eine Aufmunterung, es noch
einmal zu versuchen.

Das Programm könnte nach dem Starten so aussehen:

Wie wäre es mit einer kleinen Erweiterung des Kopfrechnen- Trainers?

Die Zahlen sollen nicht nur addiert, sondern auch subtrahiert werden und zwar in zufälliger Reihenfolge. Das wäre doch richtig spannend, oder?

Nach der Erweiterung könnte das Kopfrechnen dann so aussehen:

Es kann natürlich passieren, dass zufällig öfter subtrahiert wird und als Ergebnis eine Minuszahl herauskommt. Wenn du noch nie von Minuszahlen gehört hast, dann starte das Programm einfach neu und versuche es mit einer neuen Aufgabe.

Hier noch ein paar Tipps für die Umsetzung:

 Der Computer muss das Ergebnis mithilfe einer Wiederholung berech-
nen. Dabei wird ein Ergebnis-Platzhalter benutzt. Das jeweilige
Element des Feldes wird dabei entweder zu dem Ergebnis-Platzhalter
addiert oder subtrahiert. Darüber entscheidet eine Zufallszahl, die
entweder eine 1 oder eine 2 sein kann. Je nach Zufallszahl wird dann
auf dem Bildschirm ein "+" oder ein "-" ausgegeben.

 Wenn du das Programm perfektionieren willst, dann solltest du noch
eine Überprüfung einbauen – und zwar sollte nur subtrahiert werden,
wenn die Summe, die bis zu diesem Zeitpunkt berechnet wurde, grösser
ist als die Zahl, die subtrahiert werden soll. Das ist allerdings
schon ziemlich kompliziert, aber eine tolle Herausforderung für dich.

Das Erfassen von vielen verschiedenen Zahlen ist eine Aufgabe, die der Computer sehr oft erledigen muss. Aus diesem Grund gibt es eine einfache Möglichkeit, beliebig viele Zahlen zu speichern – mit dem neuen Befehl ZAHLFELD.

Der ZAHLFELD-Befehl ist eigentlich eine Erweiterung des ZAHL-Befehls. Es wird auch hier ein Platzhalter angelegt. Diesen Platzhalter bezeichnet man als **Feld**, weil er Zahlen in seinen beliebig vielen **Elementen** speichern kann. Auf jedes dieser Elemente kann durch eine Nummerierung zugegriffen werden.

Die Anzahl der Elemente, die das Feld erhalten soll, werden bei einem ZAHLFELD-Platzhalter durch eckige Klammern und die entsprechende Zahl festgelegt. Ein Beispielfeld, welches 10 Elemente enthält, bzw. 10 Zahlen speichern kann, wäre so anzulegen:

```
ZAHLFELD feld[10]
```

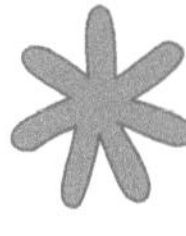

Jedes Element eines Zahlfeldes ist eigentlich nichts anderes als ein Platzhalter für Zahlen. Durch die Angabe einer Nummer kann ein Element angesprochen werden. Beispielsweise wird so dem 5. Element ein Wert zugewiesen: **RECHNEN feld[4] = 100**

WICHTIG: Die Nummerierung beginnt mit Null!

Kapitel 3

Felder von Worten

3.1 Ein Wort ist schon ein Feld

Eigentlich hast du bereits - ohne es zu wissen - mit Feldern von Worten gearbeitet. Denn ein Wort-*Platzhalter* ist eigentlich schon ein Feld. Er speichert beliebig viele Zeichen und man kann sogar auf die einzelnen Zeichen zugreifen. Das folgende Beispiel verdeutlicht es:

```
BEMERKUNG: ***********************
BEMERKUNG: Programmbeispiel:
BEMERKUNG: Ein Wort ist ein Feld
BEMERKUNG: ***********************

START
   WORT test
   RECHNEN test = "Hallo"
   BEMERKUNG: erstes Zeichen wird ausgegeben
   AUSGABE test[0]
STOPP
```

Nach dem Starten erscheint folgende Ausgabe:

Das kleine Programm zeigt, dass ein Wort-*Platzhalter* eigentlich ein Feld ist, mit dem beliebig viele Zeichen gespeichert werden können. Im Unterschied zu einem Feld von Zahlen müssen wir uns nicht darum kümmern, dem Computer vorher die Anzahl der Zeichen anzugeben, die gespeichert werden sollen. Die ermittelt der Computer automatisch. Die Nummerierung der Zeichen beginnt wie gewohnt mit der Null. Das Ende der Nummerierung hängt natürlich von der Länge des Textes ab.

Die nächste Abbildung soll das noch einmal anschaulich machen:

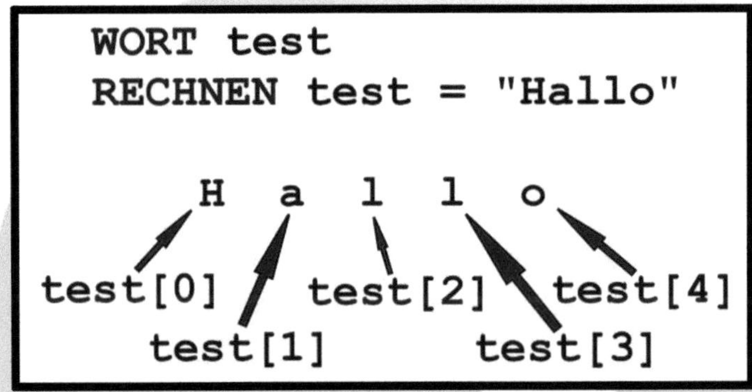

Mithilfe der Nummerierung und der Wiederholung könnte man natürlich auch alle Zeichen des Wort-*Platzhalters* ausgeben. Das folgende Beispiel zeigt eine solche Ausgabe der einzelnen Zeichen:

```
BEMERKUNG: ************************
BEMERKUNG: Programmbeispiel: Ein Wort
BEMERKUNG: zeichenweise ausgeben
BEMERKUNG: ************************

START
    WORT test
    ZAHL zähler
    RECHNEN test = "Hallo"

    BEMERKUNG: Mit einer Wiederholung
    BEMERKUNG: die Zeichen ausgeben

    RECHNEN zähler = 0
    WIEDERHOLE
        AUSGABE test[zähler]
        RECHNEN zähler = zähler + 1
    SOLANGE zähler < 5
    AUSGABE
STOPP
```

Nach dem Starten werden dann alle Zeichen hintereinander ausgegeben:

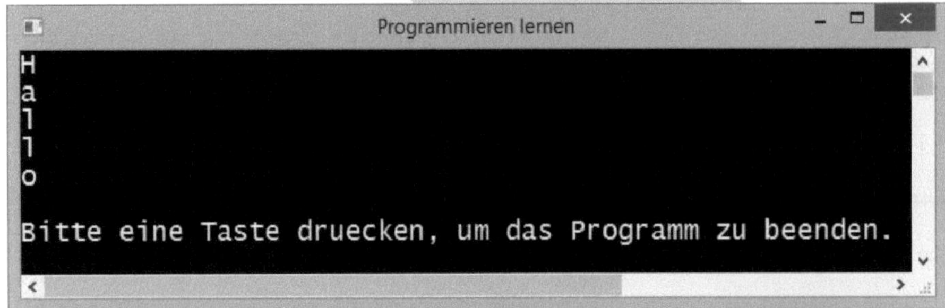

ACHTUNG: Die einzelnen Zeichen eines Wortes können mithilfe der Nummerierung ausgelesen und auf dem Bildschirm angezeigt werden. Sie können auch einem anderen Wort-*Platzhalter* hinzugefügt werden. Es ist allerdings nicht möglich, ein einzelnes Zeichen in dem Wort-*Platzhalter* zu ändern oder ein einzelnes Zeichen direkt einem Wort zuzuweisen. Das folgende Beispiel zeigt diesen Unterschied:

```
START
    WORT eingabe
    WORT test
    RECHNEN test = "Hallo"
    WORTEINGABE eingabe

    BEMERKUNG: Die Ausgabe eines Zeichens geht
    AUSGABE eingabe[0]

    BEMERKUNG: Diese Zuweisung geht nicht
    RECHNEN eingabe[0] = "a"

    BEMERKUNG: Diese Zuweisung geht auch nicht
    RECHNEN test = eingabe[0]

    BEMERKUNG: Das Hinzufügen an ein anderes
    BEMERKUNG: Wort geht allerdings!
    RECHNEN test = test + eingabe[0]
STOPP
```

In einem *Feld von Zahlen* konnte jedem Element des Feldes eine *Zahl* zugewiesen werden. Der *Wort-Platzhalter* selbst verhält sich in dieser Hinsicht aber merkwürdig. Das liegt in der Art, wie der Computer ein Wort speichert. Die vollständige Erklärung würde allerdings hier viel zu weit gehen. Es ist nur wichtig, dass du dir diesen kleinen Unterschied merkst.

3.2 Der ~LAENGE-Befehl

Dieser Befehl sorgt dafür, dass die Länge eines Wort-Platzhalters angegeben wird, d.h. der ~LAENGE-Befehl gibt die Anzahl des Zeichen eines Wortes an. Der Befehl ist bereits von den Zahlenfeldern bekannt.

```
BEMERKUNG: ************************
BEMERKUNG: Programmbeispiel: Die
BEMERKUNG: Länge eines Wortes
BEMERKUNG: ************************
START
    WORT eingabe
    AUSGABE "Bitte einen Text eingeben:"
    FARBE GELB
    WORTEINGABE eingabe
    FARBE WEISS
    AUSGABE

    BEMERKUNG: Die Länge des Textes wird
    BEMERKUNG: ausgegeben

    AUSGABE "Anzahl Zeichen: " + eingabe~LAENGE
    AUSGABE
    FARBE NORMAL
STOPP
```

Das Programm liest einen Text in einen Wort-Platzhalter ein und gibt anschliessend die Länge des Textes aus. Der ~LAENGE-Befehl wird dazu einfach an den Wort-Platzhalter angehängt. Durch die Schlange am Anfang des Befehls kann man sofort sehen, dass einem Wort-Platzhalter der Befehl angehängt wurde. Das ist wirklich übersichtlicher.

Nach dem Starten wird dann die Länge des eingegebenen Textes ermittelt:

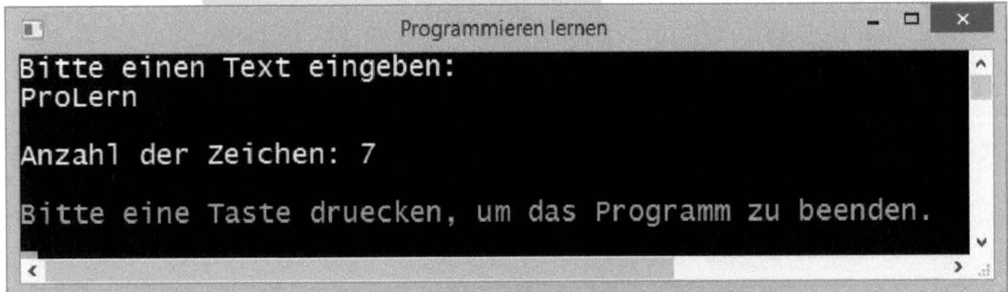

Der Text **"ProLern"** hat in der Tat 7 Zeichen. Mithilfe dieses neuen Befehls könnte man nun auch ein beliebiges Wort Zeichen für Zeichen ausgeben. Man muss vorher nur die Länge ermitteln.

3.3 Der Befehl WORTFELD

Ein Wort-Platzhalter ist ein Feld. Das haben wir in den letzten Kapiteln bereits gelernt. Das hindert uns aber nicht daran, ein Feld aus Worten anzulegen. So wie bei den Feldern von Zahlen wird mit einem neuen Befehl ein erweiterter Platzhalter angelegt, der beliebig viele Worte speichern kann. Die Nummerierung ist genau so, wie wir es gewohnt sind.

Am besten schauen wir uns ein Beispiel dazu an. Es wird ein Feld von drei Worten angelegt. Jedem dieser Worte wird ein Text zugewiesen. Anschliessend werden die Worte mithilfe einer Wiederholung auf dem Bildschirm ausgegeben:

```
BEMERKUNG: * * * * * * * * * * * * * * * * * * * * * * * *
BEMERKUNG: Programmbeispiel: Ein
BEMERKUNG: Feld von drei Worten
BEMERKUNG: * * * * * * * * * * * * * * * * * * * * * * * *
START
    BEMERKUNG: Ein Feld von 3 Worten
    WORTFELD feld[3]
    ZAHL zähler
    RECHNEN feld[0] = "Das"
    RECHNEN feld[1] = "ist ein"
    RECHNEN feld[2] = "Test"
    RECHNEN zähler = 0
    FARBE GELB
    WIEDERHOLE
        AUSGABE feld[zähler]
        RECHNEN zähler = zähler + 1
    SOLANGE zähler < 3
STOPP
```

Nach dem Starten werden die Texte wie erwartet auf den Bildschirm geschrieben:

Programmieren lernen
Das
ist ein
Test

Bitte eine Taste druecken, um das Programm zu beenden.

3.4 Ein Feld von Feldern

Wenn man es ganz genau betrachtet, dann haben wir es bei einem Feld von Worten mit einem Feld von vielen einzelnen Feldern zu tun – also einem Feld von Feldern. In der Computerfachsprache spricht man dabei von einem *zweidimensionalen Feld,* obwohl sich das viel komplizierter anhört, als es eigentlich ist. Man kann bei jedem einzelnen Element eines Wort-Feldes auch jedes einzelne Zeichen dieses Elementes ansprechen. Dazu muss man zuerst angeben, welches Element man benutzen möchte und anschliessend, welches Zeichen angesprochen werden soll. In beiden Fällen wird das mit der gewohnten Nummerierung erreicht. Das nächste Beispiel zeigt, wie ein solcher Zugriff aussehen könnte:

```
BEMERKUNG: ************************
BEMERKUNG: Programmbeispiel: Ein
BEMERKUNG: Feld von drei Worten
BEMERKUNG: ************************

START
  WORTFELD feld[3]
  ZAHL wzähler
  ZAHL zzähler
  RECHNEN feld[0] = "Das"
  RECHNEN feld[1] = "ist ein"
  RECHNEN feld[2] = "Test"
  RECHNEN wzähler = 0
  FARBE GELB
  BEMERKUNG: Feld von Worten ausgeben
  WIEDERHOLE
    BEMERKUNG: Jedes Wort wird
    BEMERKUNG: zeichenweise ausgegeben
    RECHNEN zzähler = 0
    WIEDERHOLE
      AUSGABE feld[wzähler][zzähler]
      RECHNEN zzähler = zzähler + 1
    SOLANGE zzähler < feld[wzähler]~LAENGE
    RECHNEN wzähler = wzähler + 1
    AUSGABE
  SOLANGE wzähler < 3
  AUSGABE
  FARBE NORMAL
STOPP
```

In diesem Programm haben wir ein Wortfeld bestehend aus drei Elementen angelegt und jedes dieser Elemente kann mit dem Platzhalter wzähler angesprochen werden. Ausserdem haben wir jedem Element bereits einen Text zugewiesen. Jeder besteht aus unterschiedlich vielen Zeichen, welche mit dem Platzhalter `zzähler` einzeln angesprochen werden können. Möchtest du nun ein bestimmtes Zeichen aus einem bestimmten Wort angezeigt bekommen, so kannst du dies mithilfe der Platzhalter **wzähler und zzähler** tun (AUSGABE **feld[wzähler][zzähler]**). Es handelt sich hier also eigentlich um eine *Doppel-Nummerierung*, also ein Feld von Feldern. Indem du den ~LAENGE-Befehl nutzt, kannst du dem Computer beibringen, wann ein Wort zu Ende ist und wann das nächste Wort beginnt (**feld[wzähler]~LAENGE**). Nach dem Starten sieht das Programm dann so aus:

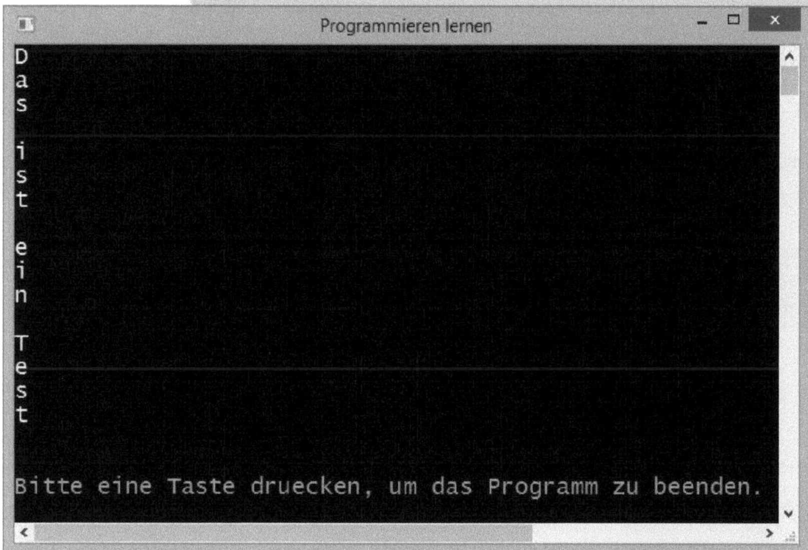

Für das bessere Verständnis wird die *Doppel-Nummerierung* noch einmal genau dargestellt:

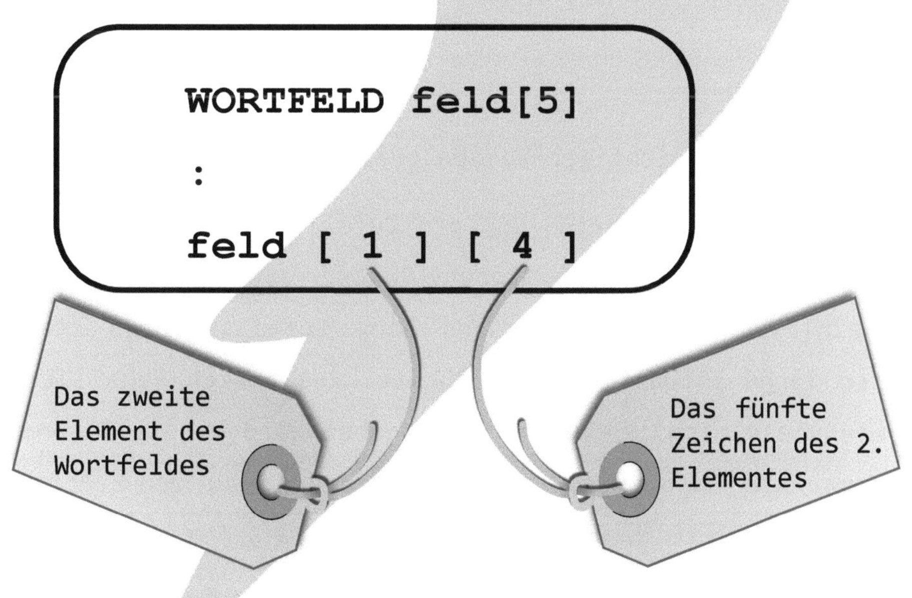

3.5 Aufgaben

3.5.1 Aufgabe 1: Texte rückwärts ausgeben

Worte rückwärts aussprechen ist eine lustige Angelegenheit. Manche Menschen haben das Rückwärtssprechen so geübt, dass sie sich richtig in dieser Rückwärtssprache unterhalten können. Das ist dann wie eine Geheimsprache, die sonst keiner versteht. In der Schule wäre das manchmal nicht schlecht, wenn du dich mit deinem Tischnachbarn unterhalten könntest, ohne dass der Lehrer oder andere Schüler euch verstehen. Aber so weit soll es bei diesem Programm gar nicht gehen. Es soll einfach einen eingegebenen Text rückwärts wieder ausgeben. So könnte nach dem Starten das fertige Programm aussehen:

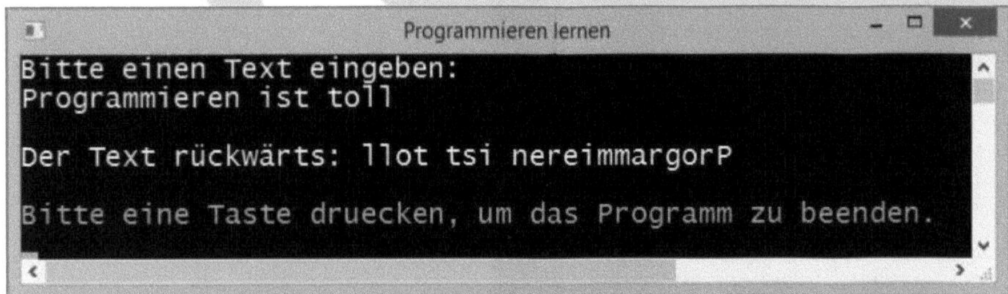

Hier ist noch ein kleiner Tipp: Erinnerst du dich an die Aufgabe mit dem Countdown – also dem Rückwärtszählen? Das könnte dir bei dieser Aufgabe auch helfen – ebenso wie der ~LAENGE-Befehl. Für die Rückwärts-Ausgabe des Textes könnte ein Wort-Platzhalter sinnvoll sein, dem vorher alle Zeichen des eingegebenen Textes rückwärts hinzugefügt werden (mit dem Plus-Zeichen).

3.5.2 Aufgabe 2: ein richtiger Vokabeltrainer

Mithilfe der Felder von Worten und den Zufallszahlen kannst du einen richtig tollen Vokabeltrainer programmieren. Dieser Trainer kann beliebig viele Vokabeln einlesen und anschliessend eine Zufallsabfrage starten, die den Benutzer so lange abfragt, wie er möchte. Zusätzlich kann sich das Programm merken, wie viele richtige Antworten gegeben wurden. Als Besonderheit könnte das Programm sogar noch eine Auswertung vornehmen und den Benutzer loben, wenn er mehr als die Hälfte der Antworten richtig hat. Diese Auswertung kannst du natürlich noch verfeinern, wenn du möchtest.

Hier ist noch ein kleiner Tipp für die Umsetzung: Achte bei der zufälligen Abfrage darauf, dass die Zufallszahl zwischen 0 und der Anzahl der Vokabeln minus 1 liegt. Das erreichst du durch den Befehl:

RECHNEN zufall = ZUFALLSZAHL(anzahl) - 1

Das fertige Programm könnte dann so aussehen:

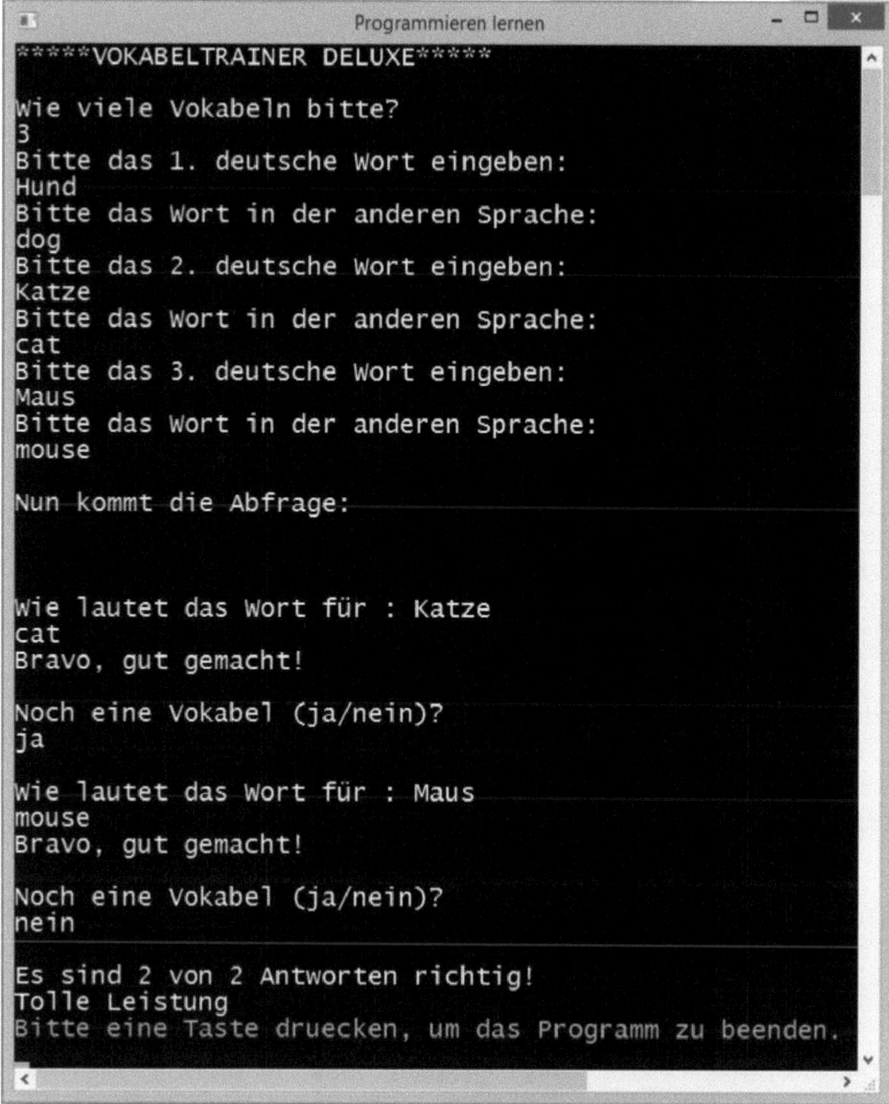

Zusammenfassung!

Jeder Wort-Platzhalter ist eigentlich schon ein Feld – und zwar ein Feld von Zeichen. Jedes dieser Zeichen kann mit einer Nummerierung und den eckigen Klammern gelesen, **aber nicht verändert** werden.

Die Nummerierung geht dabei wie gewohnt von 0 bis zur Anzahl der Zeichen minus 1. Um die Länge (also die Anzahl der Zeichen) eines Wort-Platzhalters zu ermitteln, kann der ~LAENGE-Befehl eingesetzt werden.

Es gibt natürlich auch Felder von Worten. Diese Felder werden mit dem Befehl WORTFELD eingeleitet und sind ein erweiterter Platzhalter, der beliebig viele Worte speichern kann. Die Nummerierung ist wie gewohnt.

In einem Feld von Worten können aber auch die einzelnen Zeichen eines jeden Elementes angesprochen werden. Dafür braucht man eine sogenannte *Doppel-Nummerierung*. In der ersten eckigen Klammer wird das Element des Feldes gewählt und in der zweiten eckigen Klammer dann das gewünschte Zeichen:

```
WORTFELD feld[4]
:
:
BEMERKUNG: 1. Element und 4. Zeichen
AUSGABE feld[0][3]

BEMERKUNG: 3. Element und 2. Zeichen
AUSGABE feld[2][1]
```

Kapitel 4

Unterprogramme

4.1 Immer wieder dasselbe?

In einem Programm kommt es häufig vor, dass dieselben Befehle oder ganze Abschnitte von Befehlen immer wieder geschrieben werden müssen. Das gehört zur Programmierung einfach dazu, aber es gibt auch einen tollen Weg, sich die Arbeit zu erleichtern. Wir haben dazu erst einmal ein kleines Beispiel vorbereitet, damit klar wird, worum es geht. In dem Beispiel soll der Benutzer eine Zahl eingeben, von der das Dreifache berechnet werden soll. Dann soll der Benutzer erneut eine Zahl eingeben, von welcher das Fünffache berechnet und auf dem Bildschirm ausgegeben werden soll.

```
BEMERKUNG: ************************
BEMERKUNG: Programmbeispiel:
BEMERKUNG: Ein Rechnen-Programm
BEMERKUNG: ************************
START
    ZAHL x
    ZAHL y
    AUSGABE "Rechnen mit ProLern:"
    FARBE GELB
    AUSGABE
    AUSGABE "****************************"
    AUSGABE "Bitte eine Zahl eingeben:"
    FARBE NORMAL
    ZAHLEINGABE x
    AUSGABE
    AUSGABE "****************************"
    AUSGABE "Das Ergebnis lautet:"
    RECHNEN y = 3*x
    AUSGABE y
    FARBE GELB
    AUSGABE
    AUSGABE "****************************"
    AUSGABE "Bitte eine Zahl eingeben:"
    FARBE NORMAL
    ZAHLEINGABE x
    AUSGABE
    AUSGABE "****************************"
    AUSGABE "Das Ergebnis lautet:"
    RECHNEN y = 5*x
    AUSGABE y
STOPP
```

Nach dem Starten erscheint folgendes Bild:

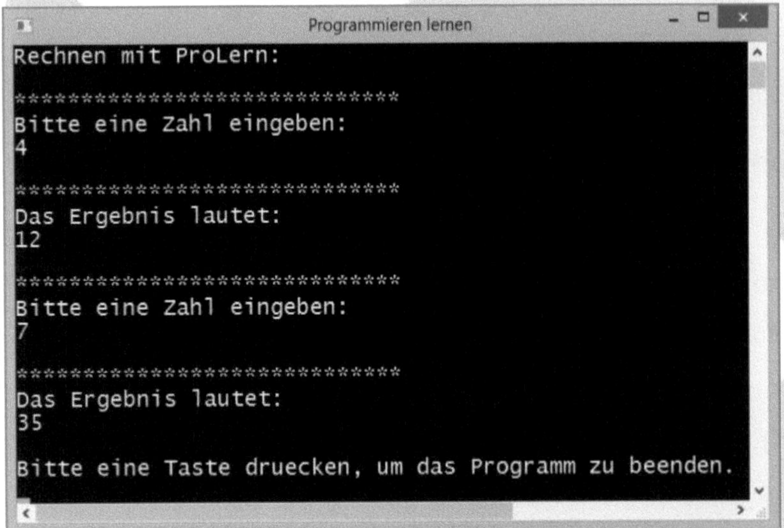

Es ist zu erkennen, dass sich bestimmte Ausgaben auf dem Bildschirm wiederholen. Die Aufforderung, eine Zahl einzugeben und die Ausgabe "Das Ergebnis lautet:" sind immer gleich. Im Einzelnen betrachtet wiederholen sich die folgenden Abschnitte:

Die Aufforderung, eine Zahl einzugeben:

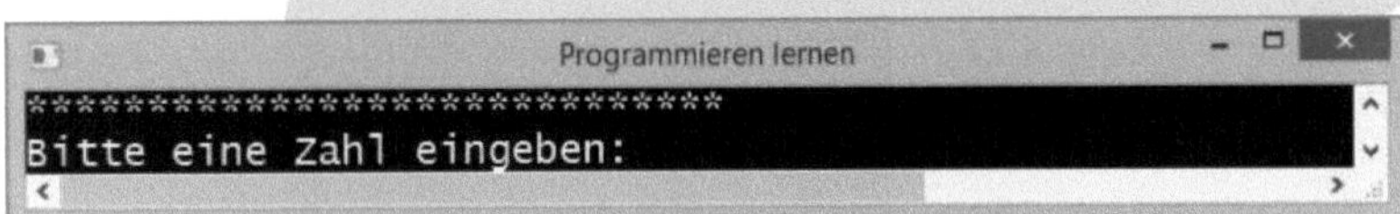

Die Ausgabe des Ergebnisses:

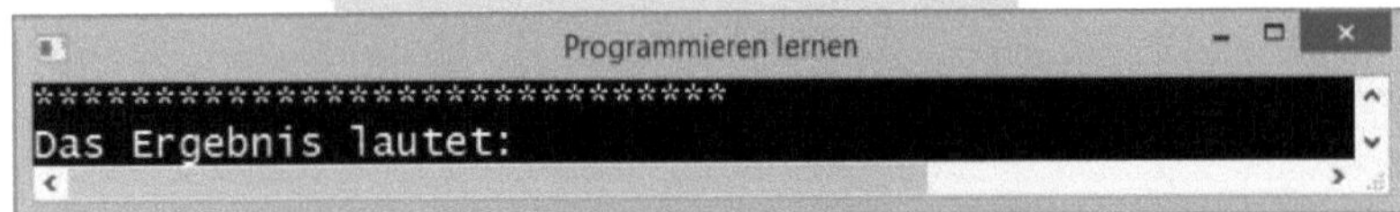

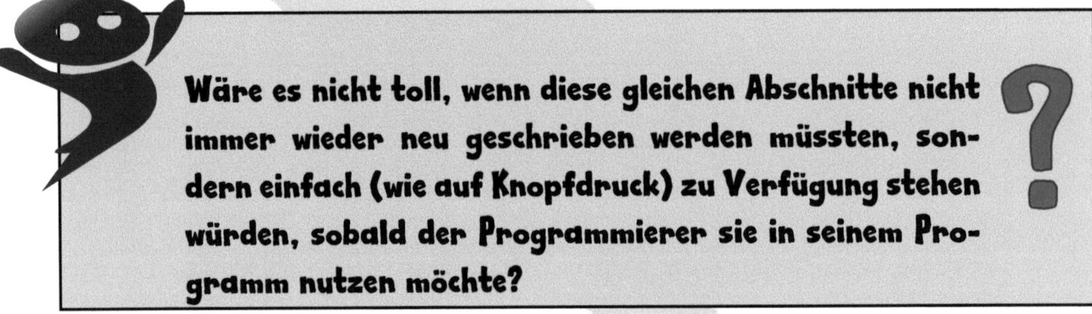

Die Antwort auf die Frage ist das sogenannte Unterprogramm. Was ist ein Unterprogramm? Diese Frage wird in den nächsten Unterkapiteln beantwortet.

4.2   Ein Unterprogramm schreiben

Ein Unterprogramm ist nichts anderes als eine Reihe von Befehlen, die unter einem Namen – dem Namen des Unterprogramms – zusammengefasst werden. Jedes Mal, wenn im Hauptprogramm der Name des Unterprogramms aufgerufen wird, werden alle diese Befehle ausgeführt. Der große Vorteil liegt darin, dass das Unterprogramm beliebig oft aufgerufen werden kann und dann seine Arbeit verrichtet. Im Beispielprogramm gab es zwei Abschnitte mit den gleichen Befehlen. In einem ersten Schritt wird nun einer dieser Abschnitte zu einem Unterprogramm. Ein Unterprogramm steht immer vor dem Hauptprogramm, also noch vor dem START-Befehl. Es beginnt mit dem Befehl UNTERPROGRAMM und dann folgt der Name für dieses Unterprogramm. Hinter dem Namen steht ein Paar von (zunächst leeren) Klammern. Ein Unterprogramm wird immer mit einem ENDE-Befehl abgeschlossen. Nun aber erst einmal die Umsetzung des ersten Unterprogramms:

```
BEMERKUNG: ************************
BEMERKUNG: Programmbeispiel:
BEMERKUNG: Das erste Unterprogramm
BEMERKUNG: ************************

UNTERPROGRAMM Bildschirmausgabe()
    FARBE GELB
    AUSGABE "****************************"
    AUSGABE "Bitte eine Zahl eingeben:"
    FARBE NORMAL
ENDE

START
    ZAHL x
    ZAHL y
    AUSGABE "Rechnen mit ProLern:"
    BEMERKUNG: Das Unterprogramm aufrufen
    RECHNEN Bildschirmausgabe()
    ZAHLEINGABE x
    AUSGABE
    AUSGABE "****************************"
    AUSGABE "Das Ergebnis lautet:"
    RECHNEN y = 3*x
    AUSGABE y
    BEMERKUNG: Das Unterprogramm aufrufen
    RECHNEN Bildschirmausgabe()
    ZAHLEINGABE x
    AUSGABE
    AUSGABE "****************************"
    AUSGABE "Das Ergebnis lautet:"
    RECHNEN y = 5*x
    AUSGABE y
STOPP
```

Nach dem Starten des Programms erhalten wir genau die gleiche Ausgabe auf unserem Bildschirm wie im ersten Beispiel - das Unterprogramm erledigt seine Arbeit perfekt. Die folgende Bildschirmausgabe zeigt es:

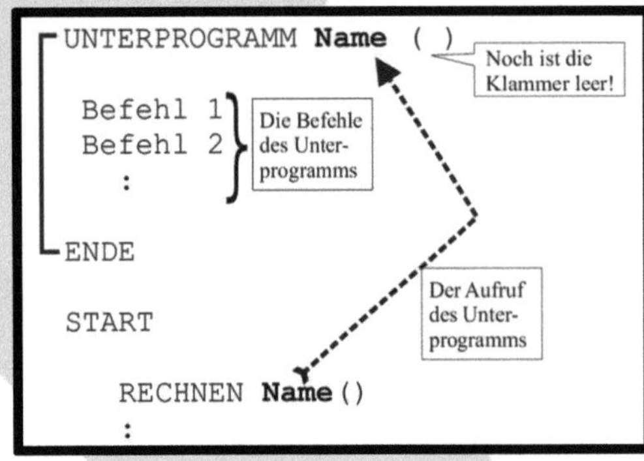

Nach diesem ersten Eindruck muss das Unterprogramm nun einmal systematisch betrachtet werden: Ein Unterprogramm ist eigentlich nichts anderes als ein kleines Programm mit einem eigenen Namen. Über diesen Namen kann das Unterprogramm dann jederzeit im Hauptprogramm aufgerufen werden und wird auch nur dann ausgeführt. Die folgende Grafik soll den Zusammenhang zwischen Unterprogramm, Hauptprogramm und Aufruf noch einmal besser verdeutlichen.

Die wichtigsten Punkte werden nun noch einmal zusammengefasst:

 Ein Unterprogramm steht immer vor dem Hauptprogramm, also vor dem START-Befehl.

 Ein Unterprogramm besteht aus beliebig vielen Befehlen.

 Ein Unterprogramm beginnt mit dem Befehl UNTERPROGRAMM und hat einen eigenen Namen, der nach den Regeln der Platzhalter-Namen gebildet werden muss.

 Im Gegensatz zu Platzhalter-Namen sollten Unterprogramm-Namen immer mit einem großen Buchstaben beginnen. Hinter dem Namen müssen (noch) leere Klammern stehen.

 Ein Unterprogramm wird durch den ENDE-Befehl beendet.

 Ein Unterprogramm wird mit dem RECHNEN-Befehl aufgerufen. Dabei müssen der Name und die Klammern angegeben werden.

4.3 Mehrere Unterprogramme schreiben

Es ist durchaus möglich (und oft sinnvoll) mehrere Unterprogramme vor dem Hauptprogramm zu schreiben. Im ersten Beispielprogramm gab es noch einen Programmabschnitt, der sich als Unterprogramm anbietet. Das Anlegen dieses Unterprogramms zeigt das folgende Beispiel zeigt:

```
BEMERKUNG: *************************
BEMERKUNG: Programmbeispiel:
BEMERKUNG: Zwei Unterprogramme
BEMERKUNG: *************************

UNTERPROGRAMM Bildschirmausgabe_1()
    FARBE GELB
    AUSGABE "***************************"
    AUSGABE "Bitte eine Zahl eingeben:"
    FARBE NORMAL
ENDE

UNTERPROGRAMM Bildschirmausgabe_2()
    AUSGABE "***************************"
    AUSGABE "Das Ergebnis lautet:"
ENDE

START
    ZAHL x
    ZAHL y
    AUSGABE "Rechnen mit ProLern:"
```

```
        RECHNEN Bildschirmausgabe_1()
        ZAHLEINGABE x
        RECHNEN Bildschirmausgabe_2()
        RECHNEN y = 3*x
        AUSGABE y
        RECHNEN Bildschirmausgabe_1()
        ZAHLEINGABE x
        RECHNEN Bildschirmausgabe_2()
        RECHNEN y = 5*x
        AUSGABE y
        AUSGABE
STOPP
```

4.4   Unterprogramm ruft Unterprogramm

Ein Unterprogramm wird in der Regel von dem Hauptprogramm aufgerufen. Es ist aber genauso möglich, dass ein Unterprogramm ein anderes Unterprogramm aufruft. Das kann sogar manchmal sehr sinnvoll sein. Beispielsweise haben wir den Computer angewiesen, vor den einzelnen Textzeilen eine Sternchenreihe zu schreiben. Die Eingabe dieser Sternchen könnten wir uns erleichtern. Es würde sich doch anbieten ein Unterprogramm dafür zu schreiben. Dieses kann in den anderen Unterprogrammen immer dann aufgerufen werden, wenn wir eine Sternchenreihe auf den Bildschirm schreiben möchten. In der Umsetzung kann das dann so aussehen:

```
BEMERKUNG: ******************************
BEMERKUNG: Programmbeispiel:
BEMERKUNG: Unterprogramm ruft Unterprogramm
BEMERKUNG: ******************************

UNTERPROGRAMM Sternchen()
    AUSGABE
    AUSGABE "***************************"
ENDE
```

```
UNTERPROGRAMM Bildschirmausgabe_1()
    FARBE GELB
    RECHNEN Sternchen()
    AUSGABE "Bitte eine Zahl eingeben:"
    FARBE NORMAL
ENDE

UNTERPROGRAMM Bildschirmausgabe_2()
    RECHNEN Sternchen()
    AUSGABE "Das Ergebnis lautet:"
ENDE

START
    RECHNEN Bildschirmausgabe_1()
    RECHNEN Bildschirmausgabe_2()
STOPP
```

Nach dem Starten wird das erste Unterprogramm aufgerufen. Es setzt die Schriftfarbe auf gelb und ruft dann das Unterprogramm Sternchen() auf, welches eine Sternchenreihe auf den Bildschirm schreibt. Danach erscheint ein Text auf den Bildschirm. Nun folgt das zweite Unterprogramm. Nach einer Sternchenreihe schreibt der Computer die zweite Textzeile auf den Bildschirm. Das ist doch eine tolle Arbeitserleichterung. Wir müssen also nicht mehr mühsam bei jedem Unterprogramm etwa 30 mal die Sternchen-Taste drücken, sondern es reicht, sich einmal diese Arbeit zu machen - beim Schreiben des Sternchen-Unterprogramms. Nach dem Starten sieht das so aus:

```
Programmieren lernen
*********************************
Bitte eine Zahl eingeben:
*********************************
Das Ergebnis lautet:
Bitte eine Taste druecken, um das Programm zu beenden.
```

Die meisten Programme sind nach einem solchen System aufgebaut. Es gibt viele kleine Unterprogramme, die wiederum von weiteren Unterprogrammen genutzt werden. Das Hauptprogramm schliesslich ruft dann fast nur noch seine Unterprogramme auf, die die Arbeit erledigen oder selbst wieder Unterprogramme aufrufen. Oftmals werden alle Unterprogramme, die spezielle Aufgaben haben, zu einer sogenannten Bibliothek zusammengefasst. Ein Hauptprogramm kann sich aus einer solchen Bibliothek ein beliebiges Unterprogramm auswählen und aufrufen.

ACHTUNG: Unterprogramme, die andere Unterprogramme aufrufen, dürfen nicht selbst wieder von denselben Unterprogrammen aufgerufen werden. Das folgende Beispiel zeigt, was gemeint ist:

```
BEMERKUNG:  **********************
BEMERKUNG:  Programmbeispiel:
BEMERKUNG:  Unterprogramm ruft
BEMERKUNG:  Unterprogramm – Unsinn
BEMERKUNG:  **********************

UNTERPROGRAMM Unsinn()
    AUSGABE "Ich mache jetzt Blödsinn:"
    RECHNEN Blödsinn()
ENDE

UNTERPROGRAMM Blödsinn()
    AUSGABE "Ich mache jetzt Unsinn:"
    RECHNEN Unsinn()
ENDE

START
    RECHNEN Unsinn()
STOPP
```

Das Unterprogramm Unsinn() ruft das Unterprogramm Blödsinn() auf. Das Unterprogramm Blödsinn() hat nichts Besseres zu tun als wiederum das Unterprogramm Unsinn() aufzurufen. So rufen sich die beiden gegenseitig auf und finden kein Ende. Nach dem Starten des Programms erscheint auf dem Bildschirm immer abwechselnd:

```
Ich mache jetzt Blödsinn:
Ich mache jetzt Unsinn:
Ich mache jetzt Blödsinn:
Ich mache jetzt Unsinn:
Ich mache jetzt Blödsinn:
Ich mache jetzt Unsinn:
            :
            :
```

Irgendwann haben sich die beiden Unterprogramme so oft aufgerufen, dass der Computer keinen Speicherplatz mehr hat und das Programm wird mit einer Fehlermeldung beendet. Das kann natürlich nicht der Sinn eines Programms sein und deshalb sollten solche gegenseitigen Aufrufe vermieden werden. Nun ist es aber längst an der Zeit, eine kleine Zwischenübung zu machen.

4.4.1 Zwischenübung

Betrachte das folgende Programm sehr genau. Was wird auf dem Bildschirm ausgegeben?

```
BEMERKUNG: *************************
BEMERKUNG: Programmbeispiel:
BEMERKUNG: Zwischenübung
BEMERKUNG: *************************

UNTERPROGRAMM U_5()
    AUSGABE "Leistung!!!"
    AUSGABE
ENDE

UNTERPROGRAMM U_1()
    AUSGABE "Das"
    RECHNEN U_2()
    RECHNEN U_5()
ENDE
```

```
UNTERPROGRAMM U_2()
   AUSGABE "ist"
   RECHNEN U_4()
ENDE

UNTERPROGRAMM U_4()
   RECHNEN U_3()
   AUSGABE "tolle"
ENDE

UNTERPROGRAMM U_3()
   AUSGABE "eine"
ENDE

START
   RECHNEN U_1()
STOPP
```

Natürlich kannst du hier auch die Lösung finden!

Das
ist
eine
tolle
Leistung!!!

4.5 Ein Unterprogramm erhält einen Wert

Die bisherigen Beispiele haben Unterprogramme gezeigt, die immer genau
dasselbe tun – und zwar die festgelegten Befehle abarbeiten. Es wäre jedoch
viel schöner, wenn das Unterprogramm etwas flexibler würde und sich bestimmten
Gegebenheiten anpassen könnte. Nehmen wir das Unterprogramm `Sternchen()` aus
dem vorletzten Beispiel. Dieses Unterprogramm gibt eine Sternchenreihe aus.
Wenn das Hauptprogramm jetzt aber drei Reihen oder zehn Reihen von Sternchen
ausgeben möchte, dann bleibt dem Hauptprogramm nichts anderes übrig als das
Unterprogramm dreimal oder zehnmal aufzurufen. Das ist kein guter Zustand.
Also müsste man dem Unterprogramm die Anzahl der gewünschten Sternchenreihen
irgendwie mitteilen.

Das folgende Beispiel zeigt, dass es möglich ist:

```
BEMERKUNG:  * * * * * * * * * * * * * * * * * * * * * * * *
BEMERKUNG:  Programmbeispiel:
BEMERKUNG:  Ein Unterprogramm wird
BEMERKUNG:  flexibel
BEMERKUNG:  * * * * * * * * * * * * * * * * * * * * * * * *

UNTERPROGRAMM Sternchen(ZAHL anzahl)
    ZAHL zähler
    RECHNEN zähler = 1
    WIEDERHOLE
        AUSGABE  "* * * * * * * * * * * * * * * * * * * * * * * * * * * *"
        RECHNEN zähler = zähler + 1
    SOLANGE zähler <= anzahl
ENDE

START
    RECHNEN Sternchen(5)
    AUSGABE
STOPP
```

Nach dem Starten erscheint diese Bildschirmausgabe:

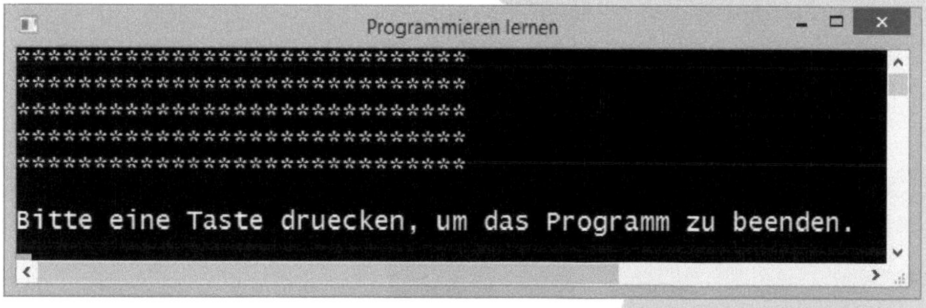

Was ist hier passiert? Das Unterprogramm wurde erweitert. In den bislang leeren Klammern hinter dem Unterprogramm-Namen steht nun ein ZAHL-Platzhalter (Sternchen(**ZAHL anzahl**)). Diesem Platzhalter wurde im Hauptprogramm ein Wert zugewiesen und dieser in die Klammern hinter dem Unterprogramm-Namen eingetragen (RECHNEN **Sternchen(5)**). Der Computer schreibt nun genau fünf Sternchenreihen auf. Der Platzhalter des Unterprogramms kann auch innerhalb des Unterprogramms verändert werden, wenn beispielsweise durch den Befehl

    RECHNEN anzahl = anzahl + 1

der Platzhalter anzahl um 1 erhöht wird.

```
BEMERKUNG:  * * * * * * * * * * * * * * * * * * * * * *
BEMERKUNG:  Programmbeispiel:
BEMERKUNG:  Unterprogramm
BEMERKUNG:  Platzhalter-Übergabe
BEMERKUNG:  * * * * * * * * * * * * * * * * * * * * * *

UNTERPROGRAMM Sternchen(ZAHL anzahl)
    ZAHL zähler
    RECHNEN zähler = 1
    RECHNEN anzahl = anzahl + 1
    WIEDERHOLE
       AUSGABE  "*****************************"
       RECHNEN zähler = zähler + 1
    SOLANGE zähler <= anzahl
ENDE

START
    RECHNEN Sternchen(5)
    AUSGABE
STOPP
```

Nachdem im Hauptprogramm das Unterprogramm Sternchen() aufgerufen und der
Wert 5 übergeben wurde, erhält der Platzhalter anzahl den Wert 5. Dieser wird
während des Unterprogramms durch den **RECHNEN-Befehl wieder verändert**. Der
Platzhalter hat schliesslich den Wert 6, wie an der Bildschirmausgabe zu sehen
ist:

Die folgende Grafik soll das Prinzip noch einmal verdeutlichen:

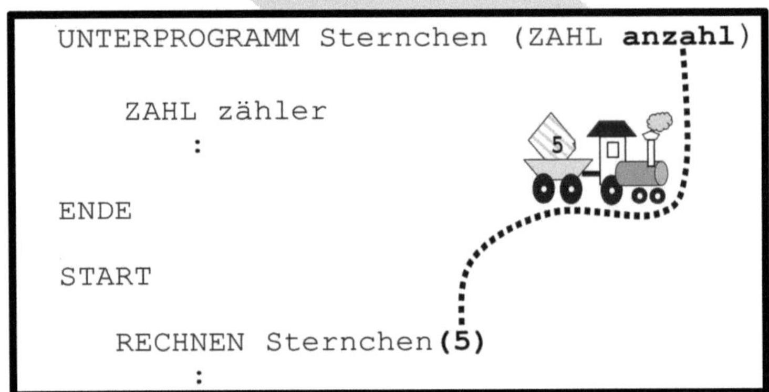

Man kann es sich so vorstellen: Der Wert, der beim Aufruf eines Unterprogramms angegeben wird (in diesem Fall 5), wird auf ein Blatt Papier geschrieben und mit einer kleinen Lokomotive zum Unterprogramm transportiert. Dort erhält der Platzhalter des Unterprogramms diesen Wert. Im Unterprogramm kann mit dem Platzhalter nun gearbeitet werden.

```
BEMERKUNG: *************************
BEMERKUNG: Programmbeispiel:
BEMERKUNG: Unterprogramm
BEMERKUNG: Platzhalter-Übergabe
BEMERKUNG: *************************

UNTERPROGRAMM Sternchen(ZAHL anzahl)
   ZAHL zähler
   RECHNEN zähler = 1
   WIEDERHOLE
      AUSGABE "****************************"
      RECHNEN zähler = zähler + 1
   SOLANGE zähler <= anzahl
ENDE

START
   ZAHL reihen
   AUSGABE "Wie viele Sternchen-Reihen bitte?"
   ZAHLEINGABE reihen
   RECHNEN Sternchen(reihen)
   AUSGABE
STOPP
```

Nach dem Starten sieht das so aus:

Der Unterschied zu den vorherigen Beispielen ist, dass wir unser Unterprogramm noch flexibler gestaltet haben, denn wir können die Anzahl der Sternchenreihen bei jedem Programmaufruf frei wählen. Wir bestimmen also den Wert des Platzhalters reihen und der Computer übergibt diesen dann dem Unterprogramm.

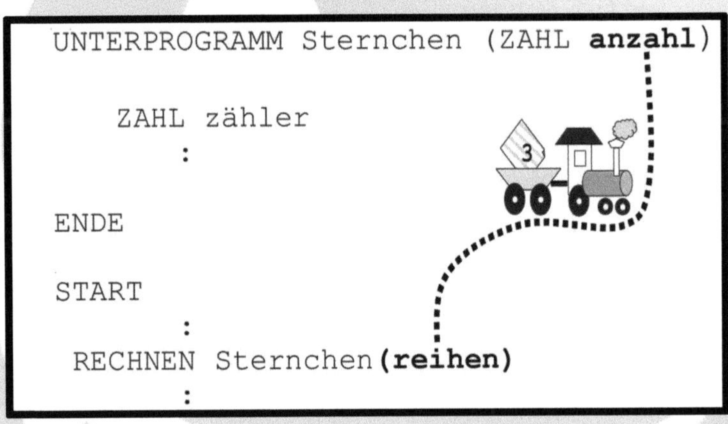

Auch hier passt die Vorstellung, dass der Inhalt des Platzhalters reihen auf ein Blatt Papier geschrieben und mit einer Lokomotive zum Unterprogramm transportiert wird. Dort erhält der Unterprogramm-Platzhalter anzahl den Wert des Blattes, also die Zahl 3. Nun ist es aber wieder höchste Eisenbahn für eine kleine Zwischenübung.

4.5.1 Zwischenübung

Das folgende Programm ruft ein Unterprogramm auf, welches wieder ein Unterprogramm aufruft. Was wird am Ende wohl auf dem Bildschirm ausgegeben?

```
BEMERKUNG: ************************
BEMERKUNG: Zwischenübung
BEMERKUNG: ************************

UNTERPROGRAMM Erstes (ZAHL x)
    RECHNEN x = 3 * x
    RECHNEN Zweites (x)
ENDE

UNTERPROGRAMM Zweites (ZAHL z)
    RECHNEN z = z - 1
    AUSGABE "Der Wert von z lautet: " + z
ENDE
```

```
START
    RECHNEN Erstes(10)
STOPP
```

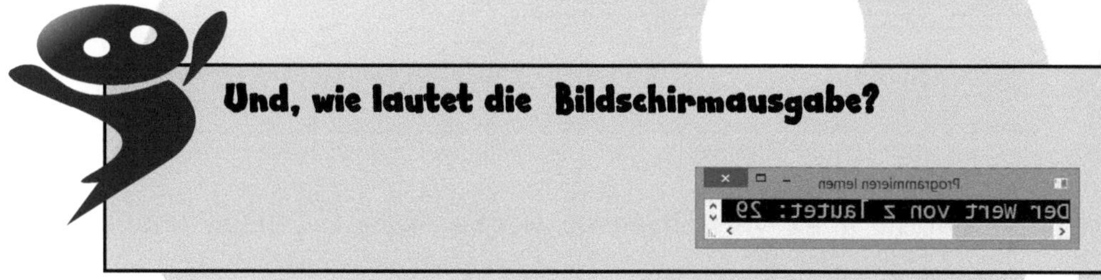

4.6 Mehrere Werte übergeben

In den bisherigen Beispielen wurde dem Unterprogramm immer nur ein Wert (genauer gesagt: ein ZAHL-Wert) übergeben. Selbstverständlich können auch WORT-Werte übergeben werden. Es können sogar mehrere Werte, egal ob Zahlen oder Worte, übergeben werden. Die entsprechenden Platzhalter in dem Unterprogramm müssen nur durch Kommas voneinander getrennt werden. Das folgende Beispiel zeigt die Übergabe von drei verschiedenen Werten:

```
BEMERKUNG: ************************
BEMERKUNG: Programmbeispiel:
BEMERKUNG: Unterprogramm erhält
BEMERKUNG: mehrere Werte
BEMERKUNG: ************************

UNTERPROGRAMM Visitenkarte(WORT n, ZAHL a, ZAHL g)
    AUSGABE
    FARBE GELB
    AUSGABE "Die Visitenkarte"
    AUSGABE "Name:  " + n
    AUSGABE "Alter: " + a
    AUSGABE "Größe: " + g
    AUSGABE
    FARBE NORMAL
ENDE

START
    WORT name
    ZAHL alter
    ZAHL groesse
```

```
        AUSGABE "Wie lautet dein Name?"
        WORTEINGABE name
        AUSGABE "Wie alt bist du (in Jahren)?"
        ZAHLEINGABE alter
        AUSGABE "Wie groß bist du (in cm)?"
        ZAHLEINGABE groesse
        RECHNEN Visitenkarte (name , alter , groesse)
    STOPP
```

Das Unterprogramm erhält drei verschiedene Werte – zwei Zahlen und ein Wort.
Die Platzhalter für das Unterprogramm werden in die Klammer geschrieben und
mit Kommas getrennt. Nach dem Starten sieht die Bildschirmausgabe dann so aus:

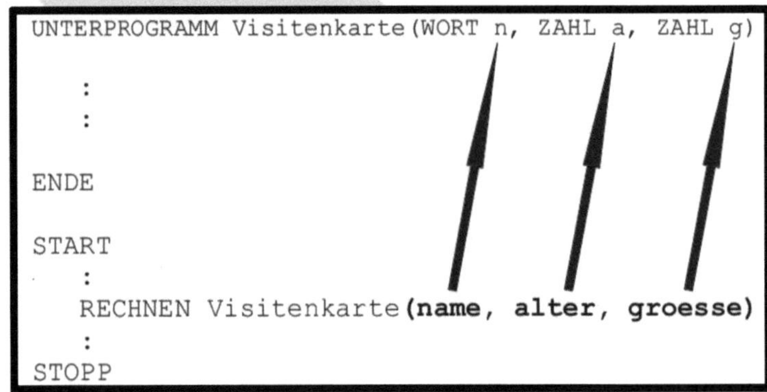

Die Eingaben werden an die Platzhalter des Unterprogramms übergeben.
Allerdings ist dabei sehr wichtig, dass die Reihenfolge der Werte bei der
Übergabe mit der Reihenfolge der Platzhalter übereinstimmt. Ansonsten würden
die Platzhalter die falschen Werte erhalten. Die folgende Abbildung verdeutlicht diesen Zusammenhang noch einmal:

```
UNTERPROGRAMM Visitenkarte(WORT n,  ZAHL a,  ZAHL g)

    :
    :

ENDE

START
    :
    RECHNEN Visitenkarte(name, alter, groesse)
    :
STOPP
```

Nun gibt es eigentlich nur noch eine Angelegenheit, die zu klären wäre: In
allen Beispielen wurden die Namen der Übergabe-Platzhalter des Unterprogramms

und die Namen der Platzhalter aus dem Hauptprogramm immer verschieden gewählt. Das wurde bewusst so gemacht, denn die Platzhalter aus dem Hauptprogramm sind eigene Platzhalter für das Hauptprogramm und die Platzhalter aus dem Unterprogramm sind eigene Platzhalter für das Unterprogramm. Es werden nur Werte zwischen diesen Platzhaltern übergeben. Deshalb ist es durchaus möglich, dass die Platzhalter aus dem Hauptprogramm den gleichen Namen wie die Platzhalter des Unterprogramms erhalten, ohne das es eine Auswirkung hat, wie das folgende Beispiel zeigt:

```
BEMERKUNG:  ********************************************
BEMERKUNG:  Programmbeispiel:
BEMERKUNG:  Unterprogramm-Hauptprogramm-Platzhalter
BEMERKUNG:  ********************************************

UNTERPROGRAMM Test(ZAHL x)
    RECHNEN x = x + 5
    AUSGABE
    FARBE GELB
    AUSGABE "Der Wert von x im Unterprogramm: " + x
    FARBE NORMAL
ENDE

START
    ZAHL x
    RECHNEN x = 10
    RECHNEN Test(x)
    AUSGABE "Der Wert von x im Hauptprogramm: " + x
    AUSGABE
STOPP
```

Nach dem Starten erscheint folgende Ausgabe:

An dem Beispiel ist sehr gut zu erkennen, dass das x aus dem Hauptprogramm nichts mit dem x aus dem Unterprogramm zu tun hat. Sie haben zwar denselben Namen, aber völlig getrennte Bereiche, in denen sie gültig sind. Wenn also im Unterprogramm der Platzhalter x seinen Wert auf 15 ändert, so bleibt der Wert von Platzhalter x aus dem Hauptprogramm aber trotzdem auf 10.

4.7 Aufgaben

4.7.1 Aufgabe 1: ein Rechen-Unterprogramm

In dieser Aufgabe soll ein Unterprogramm geschrieben werden, das in der Lage ist zwei Zahlen entweder zu addieren, zu subtrahieren, zu multiplizieren oder zu dividieren. Neben der Übergabe der beiden Zahlen, sollte auch die gewünschte Operation in Form eines Textes übergeben werden. Das Unterprogramm berechnet dann den gewünschten Wert und gibt ihn auf dem Bildschirm aus. Der Aufruf dieses Unterprogramms könnte so sein:

```
RECHNEN Zahlenrechnen( 10 , 20 , "+")
```

Die übergebenen Werte würden dann addiert und das Ergebnis (also 30) auf dem Bildschirm ausgegeben. Das fertige Programm könnte so aussehen:

```
Bitte die erste Zahl eingeben:
10
Bitte die zweite Zahl eingeben:
20
Bitte die Operation eingeben (+,-,*,/) eingeben:
+
Das Ergebnis lautet: 30

Bitte eine Taste druecken, um das Programm zu beenden.
```

oder auch so:

```
Bitte die erste Zahl eingeben:
5
Bitte die zweite Zahl eingeben:
9
Bitte die Operation eingeben (+,-,*,/) eingeben:
*
Das Ergebnis lautet: 45

Bitte eine Taste druecken, um das Programm zu beenden.
```

4.7.2 Aufgabe 2: Worte rückwärts schreiben

Dieses Unterprogramm soll dir die Arbeit abnehmen, ein Wort rückwärts zu schreiben. Wenn man dem Unterprogramm ein Wort übergibt, dann wird es anschliessend rückwärts auf den Bildschirm geschrieben. Der Aufruf dieses Unterprogramms könnte so aussehen:

```
RECHNEN Rückwärts("Hallo")
```

Die Bildschirmausgabe des fertigen Programms könnte so aussehen:

oder auch so:

4.7.3 Aufgabe 3: Geheime Botschaften erstellen

Nun wird es richtig spannend: Mit Hilfe von zwei Unterprogrammen sollen Texte verschlüsselt und entschlüsselt werden. Damit kannst du geheime Botschaften an deine beste Freundin oder deinen besten Freund schicken und niemand kann sie lesen, außer er hat das Programm, um sie zu entschlüsseln. Die Verschlüsselung soll dabei nach dem folgenden Prinzip funktionieren: Der Text wird an das Unterprogramm übergeben und anschliessend wird der Geheimtext erstellt. Dazu wird immer abwechselnd ein Buchstabe von vorne und von hinten genommen und an den Geheimtext angehängt. In einem Beispiel sieht das so aus:

Text: **Eine spannende Aufgabe**
Geheimtext: **Eeibnaeg fsupAa nenden**

Das kann nun wirklich niemand lesen. Zum Glück gibt es noch das Entschlüsse-lungs-Unterprogramm, das den Geheimtext wieder zurück übersetzt. Das fertige Programm könnte so aussehen:

```
Programmieren lernen                          _ □ ×
Bitte den Text eingeben:
Eine spannende Aufgabe
Verschlüsseln = V und Entschlüsseln = E:
V

Das ist der verschlüsselte Text:
Eeibnaeg fsupAa nenden

Bitte eine Taste druecken, um das Programm zu beenden.
```

Die Entschlüsselung geht dann so:

```
Programmieren lernen                          _ □ ×
Bitte den Text eingeben:
Eeibnaeg fsupAa nenden
Verschlüsseln = V und Entschlüsseln = E:
E

Das ist der entschlüsselte Text:
Eine spannende Aufgabe

Bitte eine Taste druecken, um das Programm zu beenden.
```

Hier sind noch zwei Tipps für die Umsetzung:

 Den verschlüsselten Text kann man am besten in einer Wiederholung erstellen. Dabei läuft ein Zähler von vorne (also startet mit 0) und ein anderer Zähler von hinten (also startet mit der Länge des Textes weniger 1). Der verschlüsselte Text erhält nun immer ein Zeichen von vorne und eins von hinten. Ein Zähler erhöht sich und der andere erniedrigt sich danach um 1. So setzt sich Schritt für Schritt der verschlüsselte Text zusammen. Es muss allerdings auch noch beachtet werden, ob der Text eine gerade oder eine ungerade Anzahl von Zeichen hat.

 Die Entschlüsselung läuft ähnlich: Der entschlüsselte Text setzt sich aus allen Zeichen zusammen, die an einer ungeraden Position stehen. Danach werden alle anderen Zeichen hinzugefügt, die an einer geraden Position stehen, allerdings dann von hinten gezählt.

Viel Spass bei dieser wirklich anspruchsvollen Aufgabe!

Ein Unterprogramm wird mit dem Befehl UNTERPROGRAMM eingeleitet. Es ist im Prinzip ein gewöhnliches Programm, nur mit einem eigenen Namen versehen. Der ENDE-Befehl beendet das Unterprogramm.

Ein Unterprogramm kann im Hauptprogramm oder in einem anderen Unterprogramm aufgerufen werden, indem man hinter dem RECHNEN-Befehl den Namen des Unterprogramms angibt (Klammern nicht vergessen).

Einem Unterprogramm können Werte übergeben werden. Das können Zahlen oder Worte sein. In den Klammern hinter dem Namen des Unterprogramms werden dafür Platzhalter angelegt, die durch Kommas getrennt werden (auf korrekte Reihenfolge achten).

Platzhalter aus dem Hauptprogramm und aus dem Unterprogramm sind getrennt zu betrachten, auch wenn sie (zufällig) denselben Namen haben. Sie sind immer nur in einem Bereich gültig.

Kapitel 5

Dateien

5.1 Daten dauerhaft speichern

In einer der vorherigen Aufgaben sollte ein Vokabeltrainer programmiert werden, der beliebig viele Vokabeln in zufälliger Reihenfolge abfragen soll. Wenn das Programm beendet ist, werden aber alle eingegebenen Vokabeln gelöscht – das ist natürlich mehr als ärgerlich, vor allem, wenn der Benutzer sehr viele Vokabeln eingegeben hatte. Zum Glück gibt es für dieses Problem eine Lösung: **Dateien benutzen.** In Dateien können beliebig viele Daten dauerhaft gespeichert werden – eigentlich arbeitest du schon die ganze Zeit mit Dateien, denn das Speichern und Laden eines *ProLern*-Programmes ist nichts anderes als das Nutzen von Dateien. Wir finden es wichtig, dass du eine bessere Vorstellung von Dateien bekommst. Deshalb haben wir ein paar Beispiele für Dateien gesammelt:

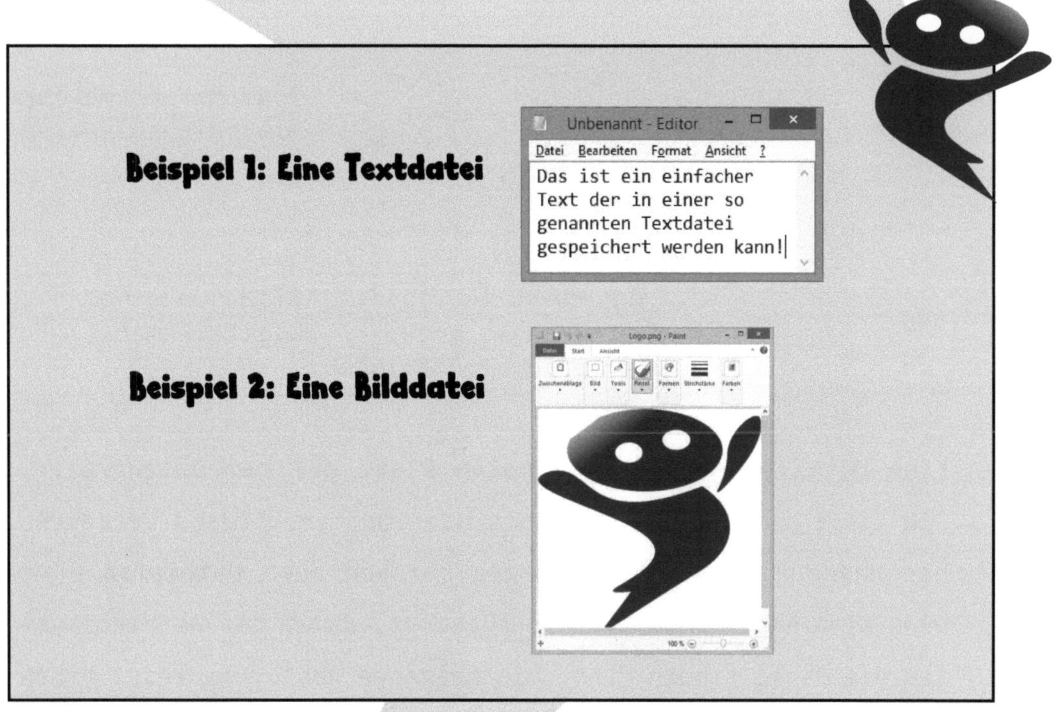

Die obigen Beispiele zeigen, dass ganz verschiedene Arten von Daten in einer Datei gespeichert werden können – von einfachen Texten in einer Textdatei bis zu Bildern in einer Bilddatei. Letztendlich werden natürlich immer nur die Informationen Eins und Null abgespeichert – du erinnerst dich bestimmt noch daran, dass wir in einem der ersten Kapitel des Einsteiger-Bandes den Namen

ProLern einmal in Form von Einsen und Nullen geschrieben haben. Genauso werden auch die Texte und Bilder übersetzt und in eine Datei auf der Festplatte oder einem USB-Stick geschrieben.

Für die Arbeit mit Dateien sind folgende Hinweise besonders wichtig:

 Dateien speichern Daten (Informationen) dauerhaft auf einem Datenträger (z.B. USB-Stick oder Festplatte) ab.

 **Eine Datei hat einen eindeutigen Namen.** Nach dem Dateinamen folgen in der Regel ein Punkt und eine Dateiendung, die über die Art der Datei Auskunft gibt. Folgende Beispiele sollen das verdeutlichen:

Dateiname mit Endung	Art	Inhalt
Text.txt	Textdatei (**txt** steht für Textdatei)	Einfacher Text
Programm.rtf	Textdatei in einem bestimmten Format (**rtf** steht für rich text format)	Text mit Formatierung wie beispielsweise Schriftfarbe
Bild.jpg	Bilddatei (**jpg** steht für joint photographic group - also Bildinformationen	Bild von einer Digitalkamera

 **Eine Datei hat einen bestimmten Platz auf dem Datenträger.** Sie liegt in einem Verzeichnis oder Ordner. Dieses Verzeichnis und der Dateiname zusammen heissen auch **Dateipfad** - es wird also eine eindeutige Spur gelegt, damit das Betriebssystem die Datei finden kann. Die folgende Abbildung zeigt einen Ausschnitt aus dem Dateiexplorer unter Windows. Auf der linken Seite sind die Verzeichnisse zu sehen und rechts die Dateien:

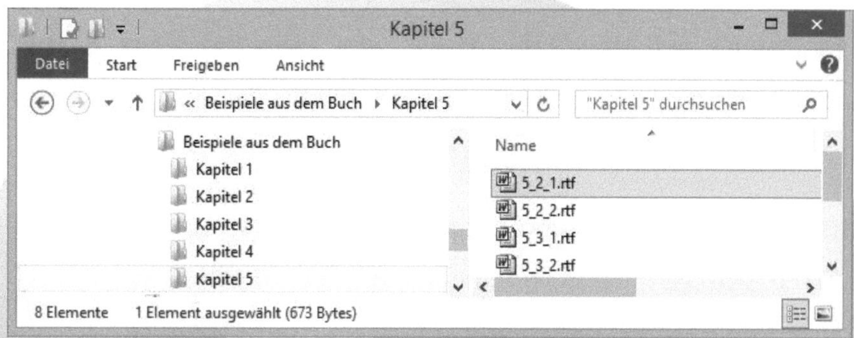

Vor dem Schreiben in eine Datei oder dem Lesen aus einer Datei muss die Datei geöffnet werden. Nach dem Schreiben oder dem Lesen sollte die Datei dann wieder geschlossen werden. Dazu gibt es in fast jeder Programmiersprache bestimmte Befehle, natürlich auch in ProLern.

5.2 Texte in eine Datei schreiben

Wie bereits besprochen, muss die Datei hierzu zuerst geöffnet werden. Dafür gibt es den speziellen Befehl SCHREIBEN-OEFFNEN. Mit dem Befehl WORT-SCHREIBEN kann dann ein Text oder der Inhalt eines WORT-Platzhalters in die Datei geschrieben werden. Das folgende Beispiel zeigt das erste Schreiben in eine Datei:

```
BEMERKUNG: ********************************************
BEMERKUNG: Programmbeispiel:
BEMERKUNG: Texte in eine Datei schreiben
BEMERKUNG: ********************************************
START
    SCHREIBEN-OEFFNEN "C:/ProLern/Test.txt"
        WORT-SCHREIBEN "Hallo"
    SCHREIBEN-SCHLIESSEN
STOPP
```

 Der Befehl SCHREIBEN-OEFFNEN erwartet die Angabe eines Dateinamens und des Dateipfads. Der Befehl sorgt dafür, dass eine Textdatei mit dem gewählten Namen in dem entsprechenden Verzeichnis neu erstellt wird.

ACHTUNG: Falls es bereits eine Datei mit diesem Namen gibt, so wird sie gelöscht und neu erstellt.

 Mit dem Befehl WORT-SCHREIBEN wird eine Zeichenkette bzw. ein Text in die Datei geschrieben.

 Zum Schluss wird die Datei mit dem Befehl SCHREIBEN-SCHLIES-SEN geschlossen. Das ist wichtig, damit das Betriebssystem die Dateien korrekt verwalten kann.

Nach dem Starten des Programms wird also erst einmal nur ein Platz auf dem Datenträger festgelegt, welcher einen bestimmten Namen erhält. Auf diesem Platz befindet sich bisher nur ein Eintrag: "Hallo". Im Verzeichnis „C:/ProLern" auf der Festplatte ist folgendes zu sehen:

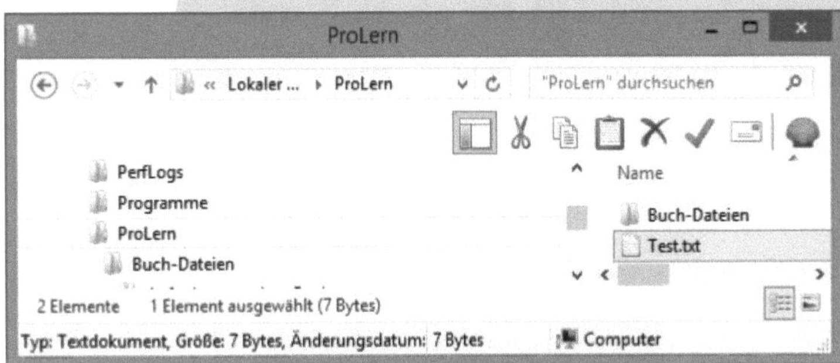

Die Datei kann nun auch mit einem Programm wie dem *Editor* geöffnet werden:

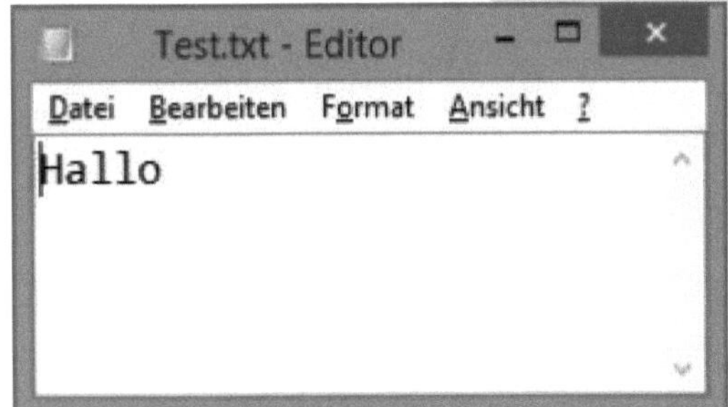

TIPP: Für die Übungen mit Dateien solltest du dir mithilfe des Dateiexplorers ein Übungs-Verzeichnis wie „C:/ProLern" anlegen. Das geht so:

Starte den Windows-Explorer:

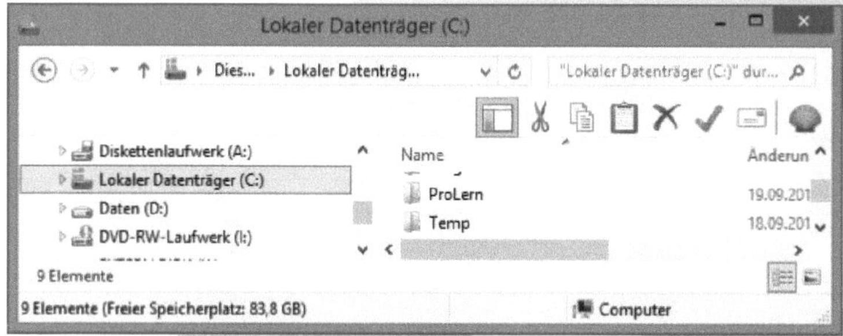

Markiere „Lokaler Datenträger (C:)" mit der Maus und klicke dann die rechte Maustaste und wähle „Neu → Ordner":

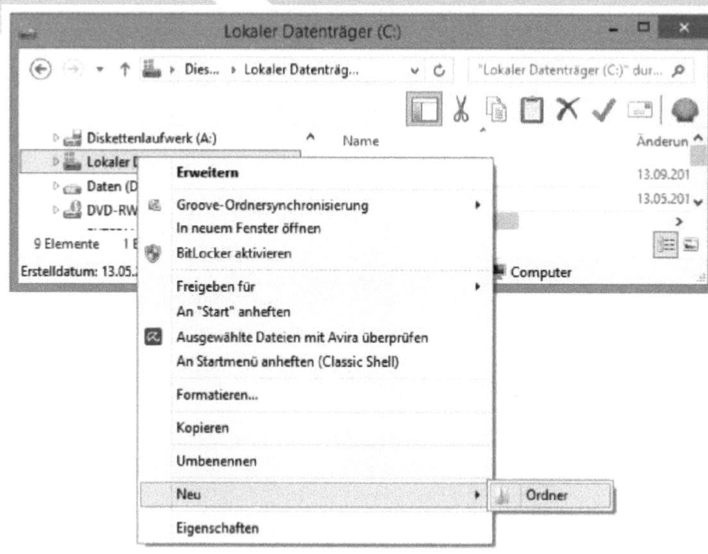

Lege dann einen neuen Ordner (Verzeichnis) an:

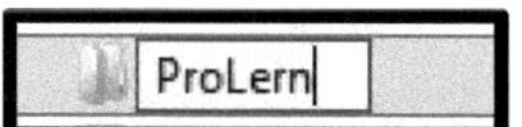

Das nächste Beispiel geht einen Schritt weiter und schreibt die Eingaben eines Benutzers in eine frei wählbare Datei.

```
BEMERKUNG: *************************************
BEMERKUNG: Programmbeispiel:
BEMERKUNG: Texte in eine Datei schreiben - 2
BEMERKUNG: *************************************
START
    WORT datei
    WORT eingabe
    AUSGABE "Willkommen zum Datei-Schreiben"
    AUSGABE "Wie lauten Pfad und Datei?"
    WORTEINGABE datei
    AUSGABE
    AUSGABE "Bitte gleich die Texte"
      AUSGABE "eingeben"
    AUSGABE "Beenden mit SCHLUSS!"
    AUSGABE

    SCHREIBEN-OEFFNEN datei

    WIEDERHOLE
        AUSGABE "Texteingabe:"
        WORTEINGABE eingabe
            FALLS eingabe != "SCHLUSS"
            WORT-SCHREIBEN eingabe
        ENDE
    SOLANGE eingabe != "SCHLUSS"

    SCHREIBEN-SCHLIESSEN
STOPP
```

In dem obigen Beispielprogramm wird der Benutzer zuerst nach dem Dateinamen gefragt. Außerdem soll er angeben, auf welchem Pfad eines Datenträgers dieser Dateiname liegen soll. Der Benutzer kann einen beliebigen Dateinamen angeben, denn diese Datei wird neu angelegt. Nun wird der Computer angewiesen, diese Datei zu öffnen, sodass der Benutzer seine „Texte" eingeben kann. Mit „Texte" sind hier Zeichenketten bzw. Worte gemeint oder auch ganze Sätze. Der Benutzer muss seinen „Text" also eingeben und diese Eingabe dann mit "SCHLUSS" beenden. Jede Zeichenkette wird in die Datei geschrieben. Natürlich muss die Datei am Ende geschlossen werden.

Nach dem Starten könnte das Programm so aussehen:

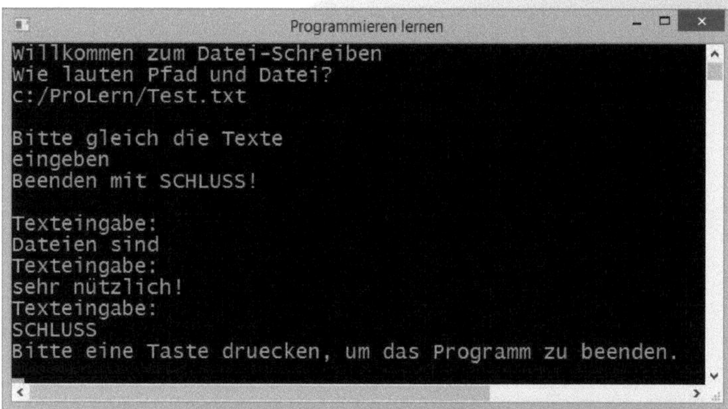

Das Öffnen der Datei mit dem Editor zeigt, dass alle Zeichenketten in die Datei geschrieben wurden.

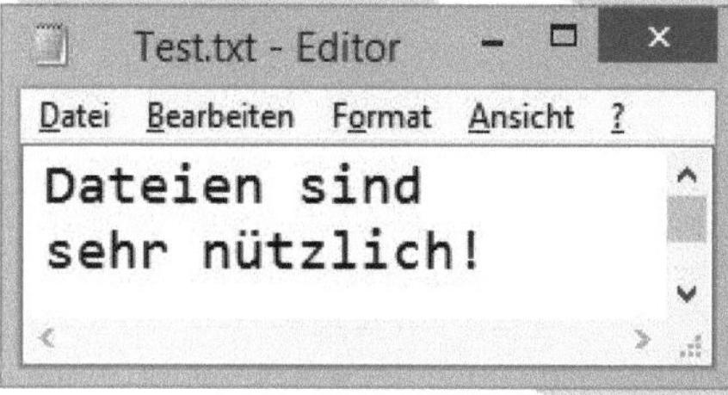

5.3 Zahlen in eine Datei schreiben

Zahlen in eine Datei zu schreiben ist genau so einfach wie Texte zu schreiben. Statt dem Befehl WORT-SCHREIBEN wird einfach ZAHL-SCHREIBEN benutzt.

Das folgende Beispiel zeigt die Verwendung des Befehls.

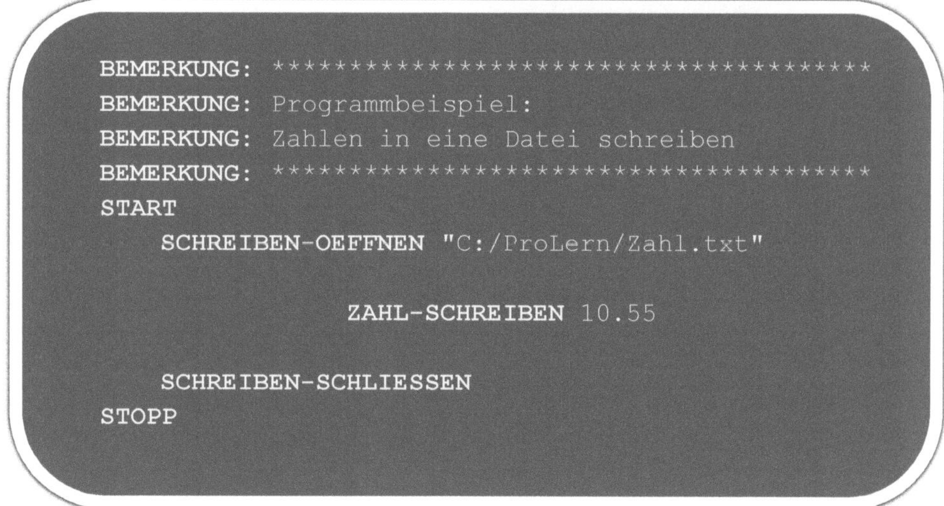

```
BEMERKUNG: ************************************
BEMERKUNG: Programmbeispiel:
BEMERKUNG: Zahlen in eine Datei schreiben
BEMERKUNG: ************************************
START
    SCHREIBEN-OEFFNEN "C:/ProLern/Zahl.txt"

        ZAHL-SCHREIBEN 10.55

    SCHREIBEN-SCHLIESSEN
STOPP
```

In die Datei wird einfach die Zahl 10.55 geschrieben. Das Öffnen der Datei mit dem Editor zeigt das Ergebnis:

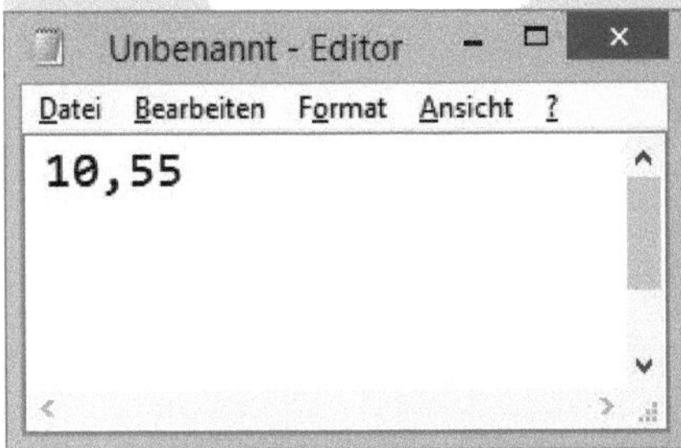

Natürlich können auch wieder Eingaben des Benutzers mithilfe eines Platzhalters geschrieben werden:

```
BEMERKUNG: **********************************
BEMERKUNG: Programmbeispiel:
BEMERKUNG: Zahlen in eine Datei schreiben - 2
BEMERKUNG: **********************************
START
    WORT datei
    ZAHL eingabe

    AUSGABE "Willkommen zum Datei-Schreiben"
    AUSGABE "Wie lauten Pfad und Datei?"
    WORTEINGABE datei

    AUSGABE
    AUSGABE "Bitte gleich die Zahlen"
      AUSGABE "eingeben"
    AUSGABE "Beenden mit 0!"
    AUSGABE


    SCHREIBEN-OEFFNEN datei

    WIEDERHOLE
        AUSGABE "Zahleneingabe:"
        ZAHLEINGABE eingabe
        FALLS eingabe != 0
            ZAHL-SCHREIBEN eingabe
        ENDE
    SOLANGE eingabe != 0

    SCHREIBEN-SCHLIESSEN
STOPP
```

In dem obigen Beispielprogramm wird der Benutzer nach dem Dateinamen und dem Pfad gefragt. Anschliessend werden solange Zahlen eingelesen, bis der Benutzer eine Null eingibt. Jede Zahl wird in die Datei geschrieben und die Datei wird am Ende geschlossen. Nach dem Starten könnte es so aussehen:

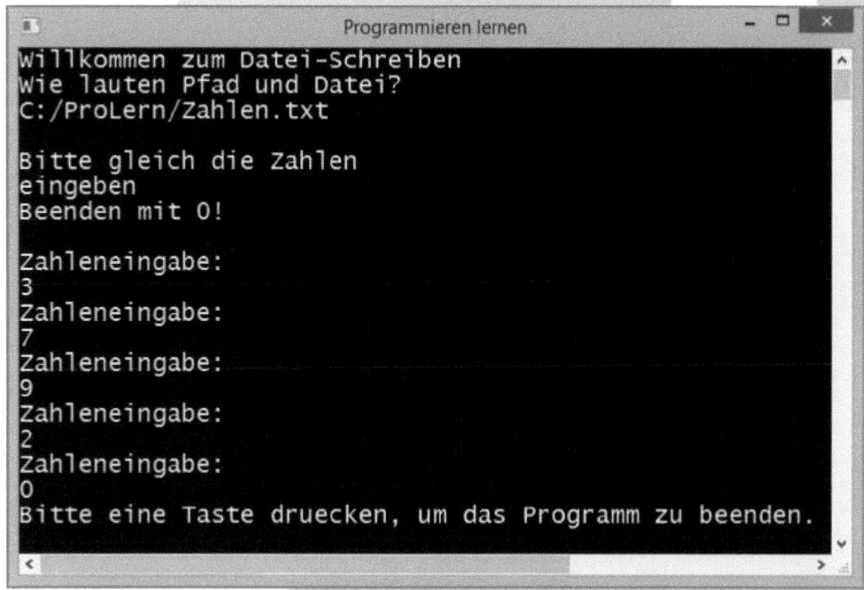

Das Öffnen der Datei mit dem Editor zeigt, dass alle Zahlen in die Datei geschrieben wurden.

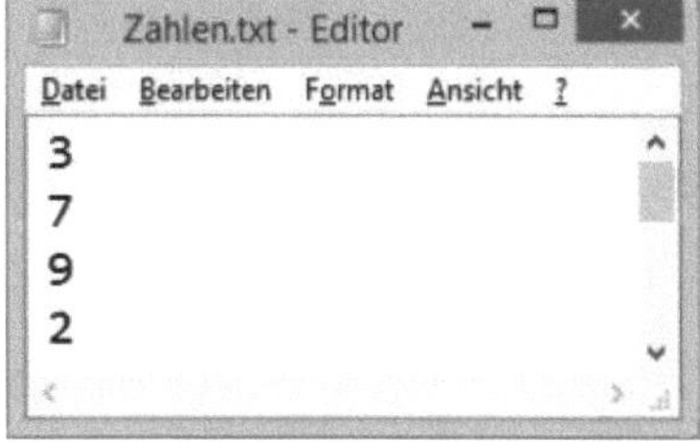

5.4 Texte und Zahlen aus einer Datei lesen

Daten in eine Datei zu schreiben ist eine tolle Sache, aber richtig spannend ist es natürlich erst, wenn diese Daten auch wieder gelesen werden können. Auf diesem Prinzip basieren die meisten Programme, mit denen du arbeitest. Die eingegebenen Daten werden in einer Datei (manchmal auch in einer Datenbank) gespeichert und später aus dieser Datei auch wieder gelesen. Das folgende Beispiel zeigt dieses einfache Prinzip:

```
BEMERKUNG: *****************************
BEMERKUNG: Programmbeispiel:
BEMERKUNG: Texte und Zahlen lesen
BEMERKUNG: *****************************
START
    WORT wortinhalt
    ZAHL zahlinhalt

    SCHREIBEN-OEFFNEN "C:/Prolern/Test.txt"
      WORT-SCHREIBEN "Dateien sind toll!"
      ZAHL-SCHREIBEN 12345
    SCHREIBEN-SCHLIESSEN

    LESEN-OEFFNEN "C:/Prolern/Test.txt"
      WORT-LESEN wortinhalt
      ZAHL-LESEN zahlinhalt
      AUSGABE wortinhalt
      AUSGABE zahlinhalt
    LESEN-SCHLIESSEN
STOPP
```

Wie du siehst, ist es nötig, dem Computer dein Vorhaben anzukündigen. Mithilfe des SCHREIBEN - Befehls bereitest du ihn darauf vor, Worte oder Zahlen in eine Datei zu schreiben. Dafür darfst du die Befehle SCHREIBEN-OEFFNEN und SCHREIBEN-SCHLIESSEN nicht vergessen. Ebenso bereitest du den Computer darauf vor, deine Eingaben zu lesen. Dazu wird die gewünschte Datei mit dem Befehl LESEN-OEFFNEN geöffnet. Nun forderst du deinen Computer auf, das Wort bzw. die Zahl, die du zuvor eingegeben hast, zu lesen und auf einem bestimmten Platzhalter (wortinhalt bzw. zahlinhalt) zu speichern. Das würden Fachleute so ausdrücken: Die Daten aus der Datei werden mit den Befehlen ZAHL-LESEN und WORT-LESEN in die entsprechenden Platzhalter eingelesen.

Nach dem Starten sieht es dann so aus:

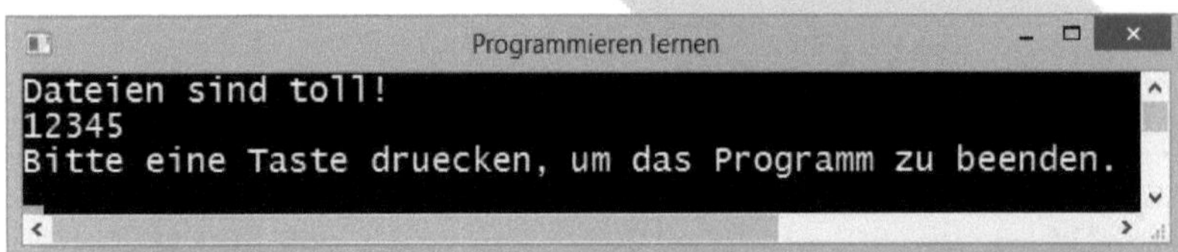

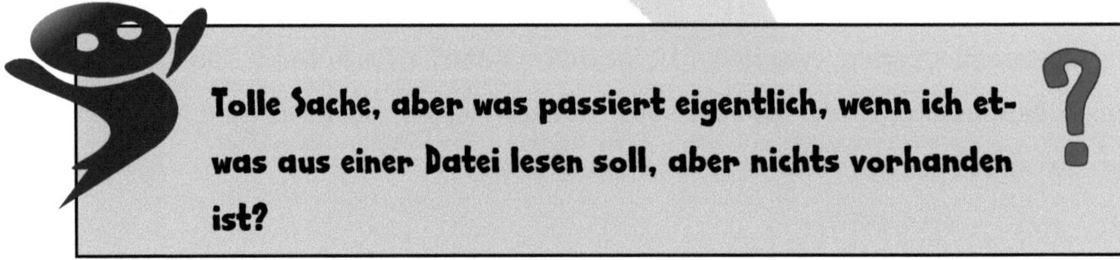

Das folgende Beispiel zeigt was passiert, wenn etwas gelesen werden soll, aber nichts vorhanden ist:

```
BEMERKUNG:  *******************************
BEMERKUNG:  Programmbeispiel:
BEMERKUNG:  Mehr lesen als vorhanden ist
BEMERKUNG:  *******************************
START
    WORT wortinhalt
    SCHREIBEN-OEFFNEN "C:/Prolern/Test.txt"
        WORT-SCHREIBEN "Dateien sind toll!"
    SCHREIBEN-SCHLIESSEN
    LESEN-OEFFNEN "C:/Prolern/Test.txt"
        WORT-LESEN wortinhalt
        AUSGABE wortinhalt
        WORT-LESEN wortinhalt
        AUSGABE wortinhalt
    LESEN-SCHLIESSEN
STOPP
```

Die Datei „Test.txt" enthält genau einen Text, aber es soll ein zweiter Text eingelesen werden. Nach dem Starten sieht die Ausgabe so aus:

Das zweite Einlesen aus der Datei führt dazu, dass in dem WORT-Platzhalter ein merkwürdiger Inhalt ist: **##EOF##**. Das bedeutet, dass in der Datei kein Text mehr vorhanden ist und stattdessen der Computer den Platzhalter mit diesem Inhalt füllt. Damit kann man auch wunderbar prüfen, ob in einer Datei noch Texte zu lesen sind, wie das folgende Beispiel zeigt:

```
BEMERKUNG:  *******************************
BEMERKUNG:  Programmbeispiel:
BEMERKUNG:  Texte lesen bis zum Ende
BEMERKUNG:  *******************************
START
    WORT inhalt
    SCHREIBEN-OEFFNEN "C:/Prolern/Text.txt"
        WORT-SCHREIBEN "Dateien"
        WORT-SCHREIBEN "sind"
        WORT-SCHREIBEN "toll!"
    SCHREIBEN-SCHLIESSEN
```

```
LESEN-OEFFNEN "C:/Prolern/Text.txt"
WIEDERHOLE

        WORT-LESEN inhalt
        FALLS inhalt != "##EOF##"
                AUSGABE inhalt
        ENDE

SOLANGE inhalt != "##EOF##"
LESEN-SCHLIESSEN
STOPP
```

Nach dem Öffnen der Datei wird erwartungsgemäss der WORT-LESEN – Befehl
erteilt. Nun wird geprüft, ob die Datei ein Wort enthält, indem wir die
Mitteilungsbereitschaft unseres Computers nutzen. Wir veranlassen ihn, den
Wert des Wort-Platzhalters inhalt mit der Zeichenfolge **##EOF##** zu vergleichen, mit welcher der Computer diesen Platzhalter füllt, sobald er keinen
Eintrag findet. So muss der Computer nur dann etwas aus einer Datei lesen,
wenn auch etwas eingegeben wurde.

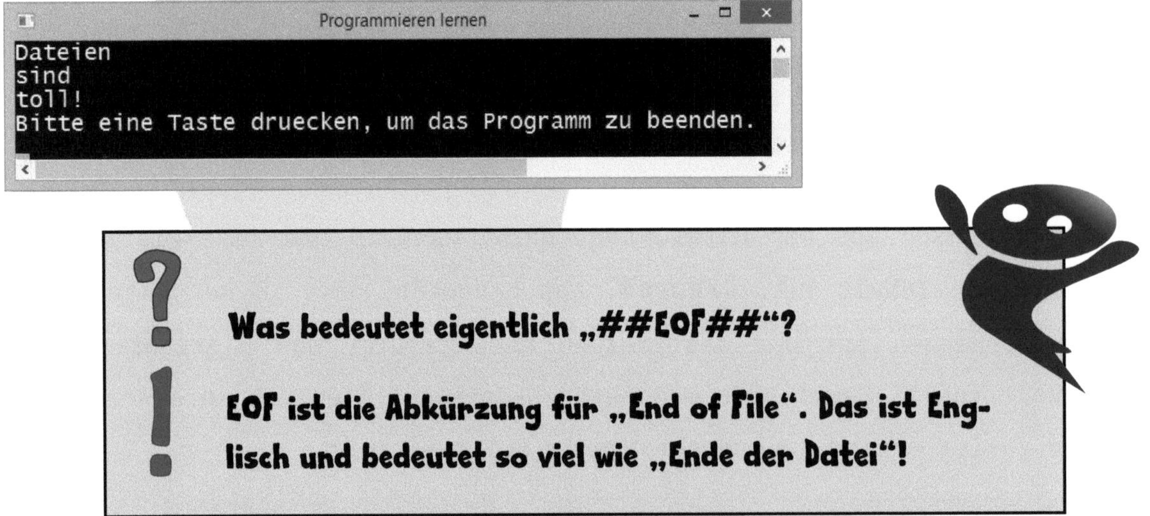

Genauso kann man auch mit Zahlen verfahren, nur, dass in einem ZAHL-
Platzhalter nicht der Text **##EOF##** stehen kann, sondern natürlich nur eine
Zahl. Wenn der Computer in einem ZAHL-Platzhalter also keine Zahl findet,
füllt er diesen Platzhalter automatisch mit einer **-1**. Liest das Programm nun
-1 aus dem Platzhalter, so erkennt unser Computer, dass dieser Platzhalter
keinen Eintrag enthält. Wir befehlen unserem Computer daher, den Zahl-
Platzhalter mit **-1** zu vergleichen. Das folgende Beispiel zeigt es:

```
BEMERKUNG:  *********************************
BEMERKUNG:  Programmbeispiel:
BEMERKUNG:  Zahlen lesen bis zum Ende
BEMERKUNG:  *********************************
START
    ZAHL inhalt
    SCHREIBEN-OEFFNEN "C:/Prolern/Zahl.txt"
        ZAHL-SCHREIBEN "567"
        ZAHL-SCHREIBEN "32"
        ZAHL-SCHREIBEN "111"
    SCHREIBEN-SCHLIESSEN

    LESEN-OEFFNEN "C:/Prolern/Zahl.txt"
    WIEDERHOLE
        ZAHL-LESEN inhalt
        FALLS inhalt != -1
            AUSGABE inhalt
        ENDE
    SOLANGE inhalt != -1
    LESEN-SCHLIESSEN
STOPP
```

Nach dem Öffnen der Datei wird geprüft, ob unsere Datei eine Zahl (oder mehrere
Zahlen) enthält. Findet der Computer keine eingegebene Zahl, sondern liest
-1, beendet er das Auslesen.

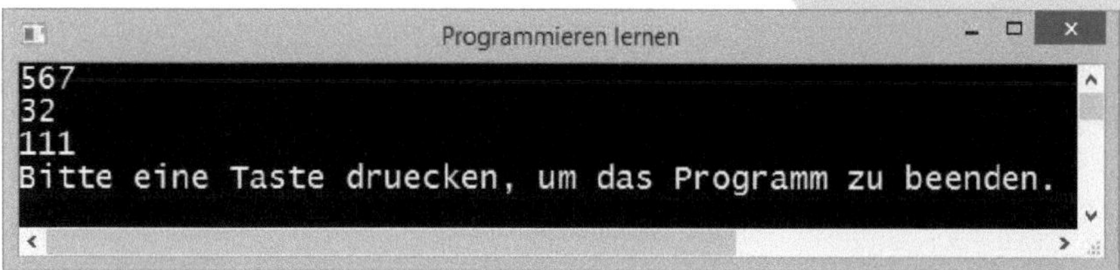

5.5   Aufgaben

5.5.1 Aufgabe 1: ein Text-Anzeigeprogramm

In dieser Aufgabe soll ein Programm geschrieben werden, das den Inhalt einer
beliebigen Textdatei auf dem Bildschirm anzeigt. Dazu gibt der Benutzer den
Dateinamen (inkl. Pfad) an sowie die Schriftfarbe, in der der Text ausgegeben
werden soll.

Das fertige Programm könnte so aussehen:

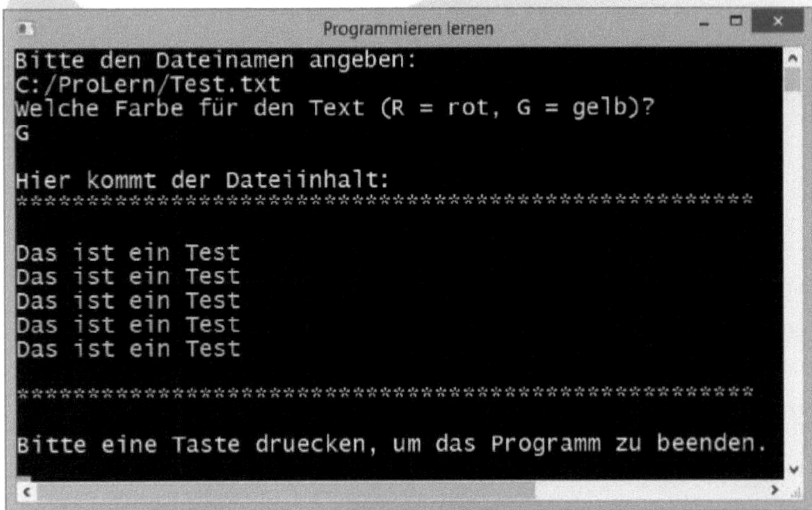

Dabei wurde folgende Textdatei eingelesen:

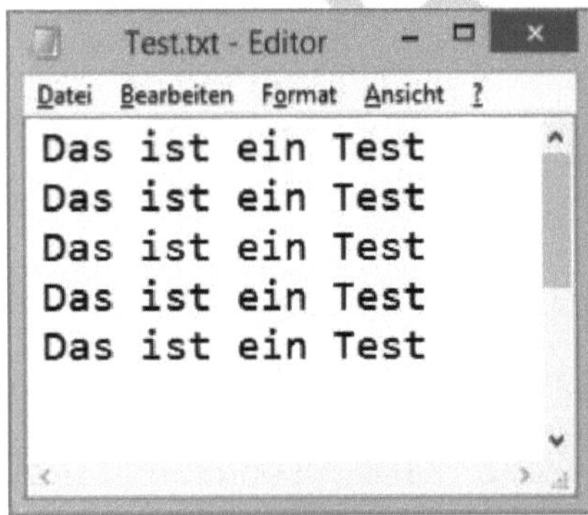

5.5.2 Aufgabe 2: Vokabeltrainer mit Datei

Du hast bestimmt die Aufgabe aus Kapitel 3 gelöst, die eine Vokabelabfrage durchführt. Jetzt soll diese Aufgabe erweitert werden. Dazu legst du eine Textdatei an, die alle Vokabeln enthält und der Einfachheit halber am Anfang die Anzahl der Vokabeln angibt. Das Programm liest diese Textdatei in entsprechende Wortfelder ein und führt dann die Zufallsabfrage durch. Dazu muss zuerst diese Textdatei erstellt werden. Am einfachsten ist es mit dem Editor, der in den Windows-Betriebssystemen unter *Start → Programme → Zubehör* zu finden ist. Anschliessend werden die Vokabeln untereinander eingetragen (erst in Deutsch und anschliessend die in einer anderen Sprache wie Englisch).

Nach dem Starten könnte das Programm so aussehen:

Hier sind noch einige Tipps für die Umsetzung:

 Nach dem Öffnen der Datei zum Lesen sollte als erstes die Anzahl der Vokabeln mithilfe des Befehls ZAHL-LESEN in einen Platzhalter eingelesen werden. Anschliessend können dann mit diesem Platzhalter zwei Wortfelder für die Vokabeln angelegt werden.

 In einer Wiederholung werden hintereinander die Vokabeln eingelesen und in den Wortfeldern gespeichert.

 Die weitere Vorgehensweise ist dann so wie in der Aufgabe aus Kapitel 3.

Erweiterungsaufgabe

Das Programm könnte noch erweitert werden, so dass die Vokabel-Dateien nicht mit einem anderen Programm wie dem Editor erstellt werden, sondern ebenfalls in dem Programm angelegt werden. Das könnte dann so aussehen:

```
*****VOKABELTRAINER DELUXE*****

Eine neue Datei anlegen (N) oder
Vokabeln aus einer Datei abfragen (D)?
N
Wie viele neue Vokabeln anlegen?
3
Bitte das 1. deutsche Wort eingeben:
Hund
Bitte das Wort in der anderen Sprache:
dog
Bitte das 2. deutsche Wort eingeben:
Katze
Bitte das Wort in der anderen Sprache:
cat
Bitte das 3. deutsche Wort eingeben:
Maus
Bitte das Wort in der anderen Sprache:
mouse
Bitte den Dateinamen mit Pfad eingeben:
C:/ProLern/Vokabeln.txt
Bitte eine Taste druecken, um das Programm zu beenden.
```

Das Programm erstellt die Datei dann automatisch:

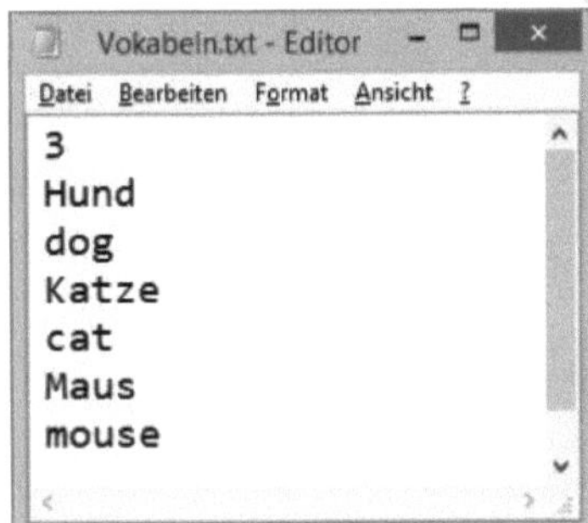

Zusammenfassung!

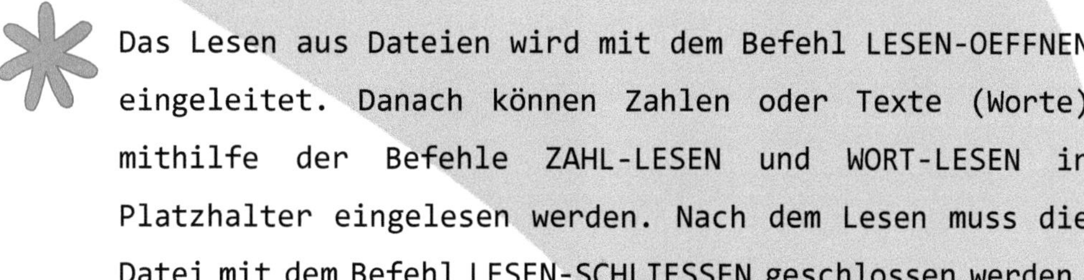

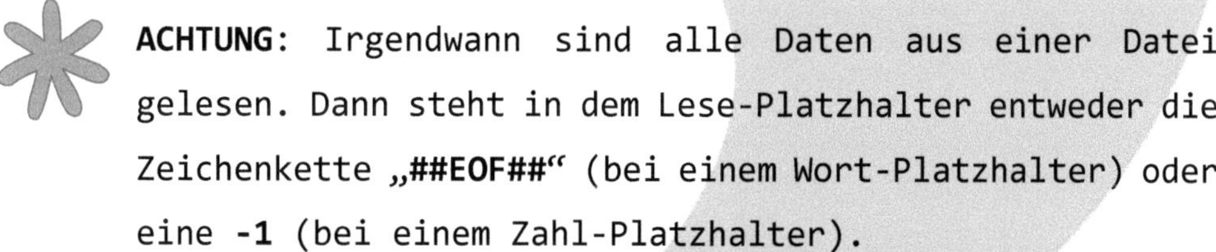

Dateien sind enorm wichtig, damit Daten dauerhaft gespeichert werden können. Dabei können verschiedene Arten von Daten gespeichert werden (Textdaten oder auch Bilddaten). Mithilfe von *ProLern-Befehlen* können solche Daten gespeichert oder gelesen werden.

Das Lesen aus Dateien wird mit dem Befehl LESEN-OEFFNEN eingeleitet. Danach können Zahlen oder Texte (Worte) mithilfe der Befehle ZAHL-LESEN und WORT-LESEN in Platzhalter eingelesen werden. Nach dem Lesen muss die Datei mit dem Befehl LESEN-SCHLIESSEN geschlossen werden.

ACHTUNG: Irgendwann sind alle Daten aus einer Datei gelesen. Dann steht in dem Lese-Platzhalter entweder die Zeichenkette „##EOF##" (bei einem Wort-Platzhalter) oder eine **-1** (bei einem Zahl-Platzhalter).

Das Schreiben in Dateien wird mit dem Befehl SCHREIBEN-OEFFNEN eingeleitet. Danach können Zahlen oder Texte (Worte) mithilfe der Befehle ZAHL-SCHREIBEN und WORT-SCHREIBEN in die Datei geschrieben werden.

Nach dem Schreiben muss die Datei mit dem Befehl SCHREIBEN-SCHLIESSEN geschlossen werden.

 **WICHTIG**: Falls aus einer Datei gelesen werden soll, die nicht vorhanden ist, so beendet *ProLern* das Programm mit der folgenden Fehlermeldung:

```
ACHTUNG, ein Fehler: Die Datei

„C:\ProLern\XYZ.txt"  konnte nicht gefunden werden.

Das Programm muss leider beendet werden.

Bitte eine Taste drücken, um das Programm zu beenden.
```

Falls in eine Datei geschrieben werden soll und die Pfadangabe ist nicht korrekt, so beendet *ProLern* das Programm mit der folgenden Fehlermeldung:

```
ACHTUNG, ein Fehler: Ein Teil des Pfades

„C:\NichtVorhanden\Test.txt"
konnte nicht gefunden werden.

Das Programm muss leider beendet werden.

Bitte eine Taste drücken, um das Programm zu beenden.
```

HERZLICHEN GLÜCKWUNSCH

Du hast es tatsächlich geschafft. Ein langer Weg mit einigen Anstrengungen liegt hinter dir. Du kannst nun deinen Namen in das Diplom eintragen.

 **Programmier-Diplom**

Hiermit wird die hervorragende Leistung von

____

in der Programmierung mit ProLern bestätigt!

Index

Sonderzeichen:

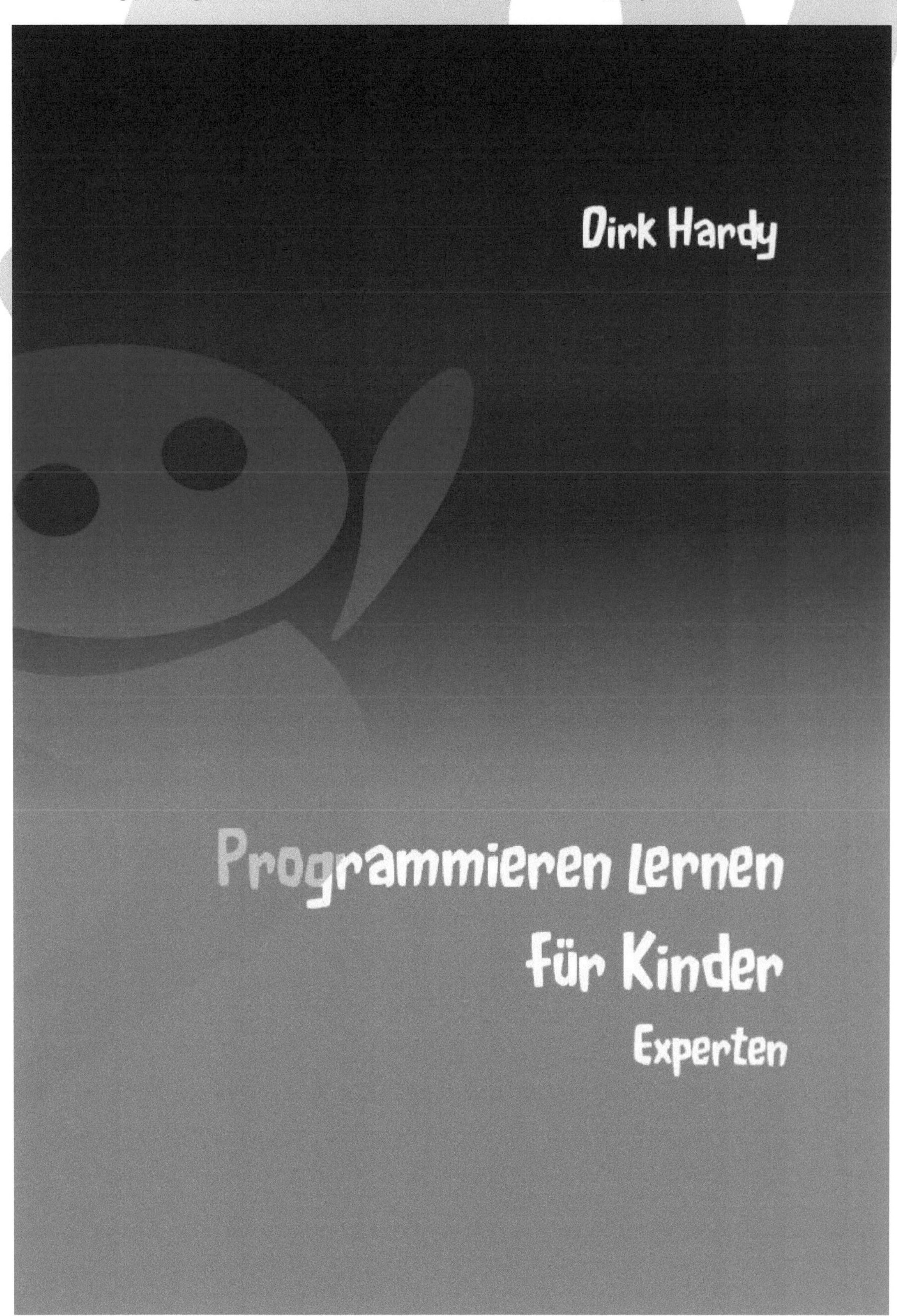

Dirk Hardy
Programmieren Lernen
für Kinder
Experten